Let's get a good grasp of English grammar.

英文法をしっかり理解する

東後 幸生

高校英語までを、しっかりおさらい。

- この方法なら基本英文法がきちんと理解できる。
- 理解できれば、使える英語の世界がグンと広がる。

ベレ出版

はじめに

　この本は、文法を本当にわかりやすく説明するために書かせていただいたものです。でもそれだけではありませんよ。同時に「英作文もやり方がわかれば簡単なんですよ。」との私の思いもこめられています。少しお伝えしておきましょう。

　次の文を英作する時、みなさんはどうされているでしょうか？

これは私の父が若いころ使っていた辞書です。

　さあ、どうでしょう。

　英語は中1の上になりたっています。私のやり方は次の通りです。

これは｜私の父が若いころ使っていた｜辞書です。

　　　　　　　　　　　　　　　　　　　　　　中1の文を英作

This is the dictionary

　　私の父が｜若いころ｜使っていた　　□[父によって使われた]と考える

　　　　　　　　　　　　　　　　　used by my father

　　　　　　若いころ　□[その時彼は若かった]と考える

　　　　　　　　　　　　　　　　　　when he was young

This is the dictionary used by my father when he was young.

　　　　　　　　　　　　　　　　　　　　　　　　　でき上がりです。

　別の答えも一応書いておきますね。

This is the dictionary which was used by my father when he was young.

　どうでしたか？　思っていたより英作は簡単でしょう。英語は中1の上になりたっている、このことを忘れないでくださいね。この本を読み終えるころには、英文法も英作文もずっと簡単に思えることでしょう。では始めましょう。

英文法をしっかり理解する

C O N T E N T S

はじめに …………… *3*

意外とわかっていない **名詞** STAGE1 …………… 7

代名詞 STAGE2 …………… 10

be 動詞 STAGE3 …………… 12

一般動詞の文 STAGE4 …………… 25

主格と目的格の関係
所有格と所有代名詞の関係 **表の見方** STAGE5 …………… 35
主格と再帰代名詞の関係

〈特別な文　その1〉**進行形** STAGE6 …………… 41

〈特別な文　その2〉**受動態** STAGE7 …………… 50

〈特別な文　その3〉**完了形** STAGE8 …………… 59

命令文 STAGE9 …………… 77

等級の文 STAGE10 …………… 80

比較の文 STAGE11 …………… 87

最上級の文 STAGE12 …………… 93

感嘆文 STAGE13 …………… *101*

強調	STAGE14	104
助動詞	STAGE15	107
接続詞	STAGE16	119
不定詞	STAGE17	126
動名詞	STAGE18	140
付加疑問文	STAGE19	150
関係詞〈関係代名詞〉	STAGE20	155
関係詞〈関係副詞〉	STAGE21	167
話法	STAGE22	173
時制の一致	STAGE23	180
間接疑問文	STAGE24	183
文末の時制が過去の間接疑問文	STAGE25	186
話法 II	STAGE26	189
仮定法	STAGE27	194
仮定法過去と仮定法過去完了を比べてみよう	STAGE28	201

英作文と総まとめ

- 英作文のコーナー 1〜10 …………… 210
- 普通の文と特別な文の総まとめ …………… 220
- 前置詞［場所・方向］…………… 222
- 5種類の名詞 …………… 225
- 数が一目でわかる表 …………… 226
- 動詞の変化早見表 …………… 228
- 人称代名詞・疑問代名詞・関係代名詞の表 …………… 233
- 英作文のコーナー　解答 …………… 234

Stage 1　意外とわかっていない名詞

次の文を英作してください。

Q1　ダイスケはこの学校でとても良い野球の選手でした。

さあ、できたでしょうか？

<u>Daisuke was very good baseball player in this school.</u>

ところで上の英作はあっているでしょうか？

10秒以内に答えが出せない人はチョット注意、「あってる」と答えた人は要注意です。

では、どこが違っているのかわかりますか？

では基本問題をもう一問。

Q2　彼は少年です。

A2　○ He is a boy.

これはOKですね。では上の英文と比べてみましょう。

| ○ He is | a | boy. |
| Daisuke was | | very good baseball player in this school. |

わかってもらえたでしょうか？　**a**が抜けていましたね。

A1　○ Daisuke was a very good baseball player in this school.

少年を△boyと覚えるより○ a boy 、本を△bookと覚えるより○ a book と覚えた方が間違いが少なくてよいですよ。りんごは○ an apple でしたね。

さらに進めて、古い本を○ an old book 、正直な少年を◎ an honest boy と覚えておくとよいでしょう。
※honestはhからはじまるが発音はアネスト。母音からはじまるのでanとなります。

大学(総合大学)は◎ a university ユーニヴァ～ス(ィ)ティ
※文字は u からはじまっていますが発音のはじまりは［ユ］子音です。したがって an ではなく a を用います。

名詞は、
［世界にひとつだけの名詞］と［どこにでもある名詞］に分かれます。

[世界にひとつだけの名詞]
Japan, America, Hyogo, Tom, Yumi などは1ヵ所で表します。目立つよう頭文字は大文字です。

[どこにでもある名詞]
a boy, my book, an organ, his dictionary などは2ヵ所で表します。（最短の場合）

※1本の私のペンは○ my pen が正解、× a my pen は間違いです。

▶スキッと整理してみよう

		単数（1人、1つ）	複数（2人以上、2つ以上）
世界に1つだけ 人名、国名など a＝×いらない		Japan America Taro	
どこにでもある、いる	持ち主が わからない。 a＝○	a dish a girl an apple	dishes girls apples
	持ち主が わかっている。 a＝×	my bike your daughter her apple	my bikes your daughters her apples

 世界に1つだけ、国名や人名を**固有名詞**。
どこにでもある名詞を**普通名詞**と言います。

気をつけたい名詞	《母音がかわる名詞》［単数→複数］ ［男］man → men　［女］woman → women　［足］foot → feet ［歯］tooth → teeth　［ねずみ］mouse → mice
	《語尾が変化するもの》 ［雄牛］ox → oxen　［子供］child → children
	《単数・複数が同じ形の名詞》 ［ひつじ］sheep　［サケ］salmon　［日本人］Japanese
	《単数と複数で意味が違う名詞》 ［腕］arm → arms［武器］　［文字］letter → letters［文学］ ［水］water → waters［海など］
	《常に複数形で用いられる名詞》 ［衣服］clothes　［めがね］glasses　［はさみ］scissors ［ズボン］trousers

Stage 2 代名詞

名詞を一言で表したものが**代名詞**です。

まずは人か物かで分けましょう。
次に単数か複数かで分けましょう。

人の場合

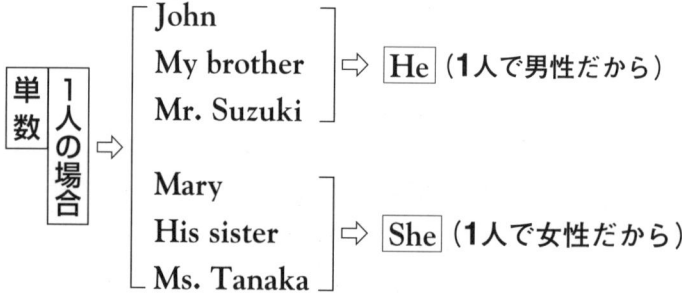

物の場合

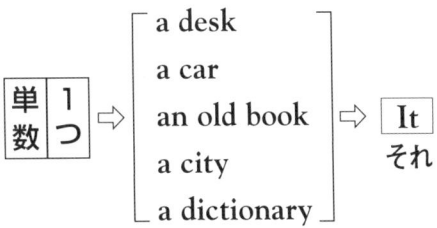

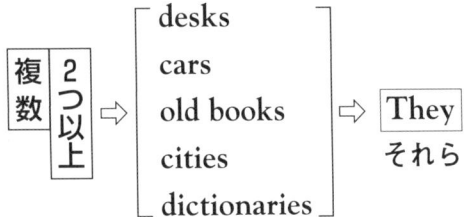

▶スキッと整理してみよう

人	複数	I＝○ある		We
		I＝×ない　You＝○ある		You
		I＝×ない　You＝×ない		They
	単数	男性		He
		女性		She

物	複数	They
	単数	It

11

Stage 3 be 動詞

be 動詞の文の作り方。
　　は で ～です までワープ（とびこえる）して残りを英作する。

私の兄は先生です。

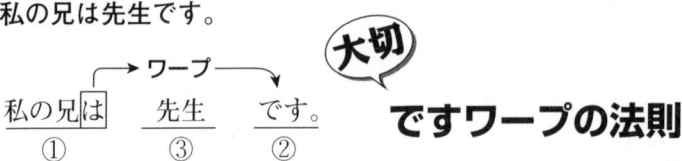

ですワープの法則

と、覚えよう。

My brother is a teacher.
　①　　　　②　　③

be 動詞の文は①②の後の③を英作するときにミスをしやすい。くれぐれも a を付け忘れたりしないように。

いくつか紹介しておきましょう。

彼は幼稚園児です。	He is	a	kindergartner.	［キンダガートゥナア］
彼は小学生です。	He is	a	schoolchild.	※女の子：a schoolgirl
				※男の子：a schoolboy
彼は中学生です。	He is	a	junior high school student.	
彼は高校生です。	He is	a	high school student.	
彼は大学生です。	He is	a	college student.	※単科大学の生徒
		a	university student.	※総合大学の生徒
彼は大学院生です。	He is	a	graduate student.	［グラヂュエイト］
彼は体操の先生です。	He is	a	gymnastic teacher.	［ヂムナスティック］

ちょっと聞いていい？のコーナー

Q be動詞ってどんな特色があるんですか？ 時制はどうですか？

A be動詞は動きが少ないです。
（〜です。〜います。〜あります。）［現在の場合］
be動詞の文では、be動詞の右と左が同じ内容になっています。

例：| She | is | a girl. | （彼女は少女です。）
　　| 左 | = | 右 |　少女と彼女は同一人物です

時制は［現在、過去、未来］があります。

I と You は特別な人

［現在］の場合　　I は特別、例外で［am］。You も特別に［are］
　　　　　　　　　複数の場合（2人以上）必ず［are］
　　　　　　　　　単数の場合（1人）必ず［is］

　　　　　　　　　　　　　single の法則（1人だと s がつく）

［過去］の場合　　複数の場合（2人以上）必ず［were］
　　　　　　　　　単数の場合（1人）必ず［was］

　　　　　　　　　　　　　single の法則（1人だと s がつく）
　　　　　　　　　　　※過去では I も［was］（1人だから）

［未来］の場合　　すべての人が［will be］
　　　　　　　　　※未来では単数・複数の区別はありません。

　　　　　　　　　　　　　　　　　　　　未来は平等です。

▶スキッと整理してみよう

時制		現在	過去	未来
人	I	am 【特別】	was 単数	will be
	You	are 【特別】	were 【特別】	will be
	We	are 《複数》	were 《複数》	will be
	They	are 《複数》	were 《複数》	will be
	He	is 単数	was 単数	will be
	She	is 単数	was 単数	will be

では、物とbe動詞の関係を見てみましょう。

[現在]の場合　複数の場合（2つ以上）必ず[are]
　　　　　　　単数の場合（1つ）必ず[is]

[過去]の場合　複数の場合（2つ以上）必ず[were]
　　　　　　　単数の場合（1つ）必ず[was]

[未来]の場合　[will be]

▶スキッと整理してみよう

時制		現在	過去	未来
物	They	are 《複数》	were 《複数》	will be
	These	are 《複数》	were 《複数》	will be
	Those	are 《複数》	were 《複数》	will be
	It	is 単数	was 単数	will be
	This	is 単数	was 単数	will be
	That	is 単数	was 単数	will be

 1人のことを single（シングル）と言います。頭文字は [s] です。シングルベッド（1人用のベッド）、シングルヒット（1塁打）と言うでしょう。1人の場合、s のつく be 動詞を使うと覚えましょう。is の s は single の s。

1人だったら s がつく、**single の法則**

※ I と You は特別（例外）です。

be 動詞の疑問文否定文は、現在、過去の場合はわかりやすいと思います。be 動詞が前へ行ったり not がつくだけですからね。気をつけたいのは未来の文です。

	肯定文（普通の文）	否定文（反対の文）	疑問文（質問の文）
現在	He is a teacher.	He isn't a teacher.	Is he a teacher?
過去	He was a teacher.	He wasn't a teacher.	Was he a teacher?

未来	He ｜will｜ be a teacher.　[肯定文] ｜Will｜ he be a teacher?　[疑問文] ※ Will が前に行くだけ。be は残る。 He ｜will｜ not be a teacher.　[否定文] 　　　　　　　　　　※ will not の短縮形が won't です。

ちょっと聞いていい？ のコーナー

 どうして He will～. の文と He will be～. の文とがあるんですか？

 もとの文が be 動詞の場合は will be～. となります。
[be 動詞がある文です]
そうでない場合（一般動詞の文）は will～. となります。
[be 動詞がない文です]

	be動詞の文 [be動詞がある]	一般動詞の文 [be動詞がない]
現在	He　　　is a teacher.	He　　　plays tennis.
↓	↓	↓
未来	He will [be] a teacher.	He will play tennis.

 英語にはいろんな文がたくさんあるように思えますが、基本となる文は[be動詞の文][一般動詞の文]この2種類だけです。

▶ be動詞の時制(時代)を ⎰ 普通の文(肯定文) ⎱ でスキッと整理しよう……
　　　　　　　　　　　⎨ 反対の文(否定文) ⎬
　　　　　　　　　　　⎱ 質問の文(疑問文) ⎰

a pilot（パイロット）

	肯定文(普通の文)	否定文(反対の文 not)	疑問文(質問の文 ?)
現在 am are is	I am a pilot.	I am not a pilot.	Am I a pilot?
	You are a pilot.	You aren't a pilot.	Are you a pilot?
	You are pilots.	You aren't pilots.	Are you pilots?
	We are pilots.	We aren't pilots.	Are we pilots?
	They are pilots.	They aren't pilots.	Are they pilots?
	He is a pilot.	He isn't a pilot.	Is he a pilot?
	She is a pilot.	She isn't a pilot.	Is she a pilot?

	肯定文（普通の文）	否定文（反対の文 not）	疑問文（質問の文？）
過去 were was	I was a pilot.	I wasn't a pilot.	Was I a pilot?
	You were a pilot.	You weren't a pilot.	Were you a pilot?
	You were pilots.	You weren't pilots.	Were you pilots?
	We were pilots.	We weren't pilots.	Were we pilots?
	They were pilots.	They weren't pilots.	Were they pilots?
	He was a pilot.	He wasn't a pilot.	Was he a pilot?
	She was a pilot	She wasn't a pilot.	Was she a pilot?

◉ 過去も「**single の法則**」により、1人だと s のつく was を使います。
　昔のことなので、I も 1 人の人として was を使います。
　You は 2 人以上の場合があるので were を使います。

	肯定文（普通の文）	否定文（反対の文 not）	疑問文（質問の文？）
未来 will be	I will be a pilot.	I will not be a pilot.	Will I be a pilot?
	You will be a pilot.	You will not be a pilot.	Will you be a pilot?
	You will be pilots.	You will not be pilots.	Will you be pilots?
	We will be pilots.	We will not be pilots.	Will we be pilots?
	They will be pilots.	They will not be pilots.	Will they be pilots?
	He will be a pilot.	He will not be a pilot.	Will he be a pilot?
	She will be a pilot.	She will not be a pilot.	Will she be a pilot?

◉ 未来を表す will が入ると、be 動詞（am, are, is, were, was）は be に戻ります。be 動詞は現在と過去で 5 つに形を変えていますが、真の姿は be です。「be 動詞」と呼ばれるゆえんです。
◉ will が前へ行ったり、not が付いたりして、質問や反対の文を作ります。
◉ be は必ず付けましょう。

迷ったらこのページにもどってくださいね。

代名詞　単数（1）→複数（2以上）へ

人	1人	→	2人以上
	I　私	→	We　私たち
	You　あなた	→	You　あなたたち
	He　彼	→	They　彼ら
	She　彼女	→	They　彼女たち

物	1つ	→	2つ以上
	It　それ	→	They　それら

〈次も覚えておこう。〉

This　これ	→	These　これら
That　あれ	→	Those　あれら

be動詞の文　単数→複数の文へ

Q では問題です。次の文を英作して下さい。

これは英語の本です。　　　　This is an English book.

彼女はとても親切な看護婦です。　She is a very kind nurse.

では、下線部を複数に直して英作してみましょう。

```
This    is an English book.
 ↓      ↓         ↓
These  are English books.     でき上がり。
 2      2         2
```

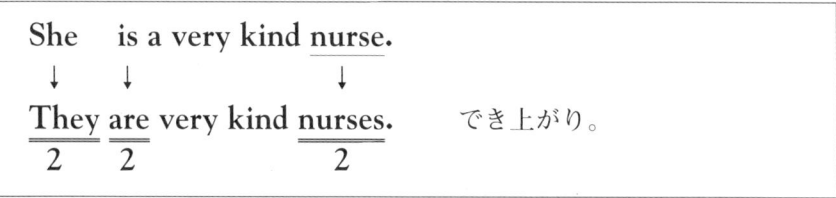

 **be動詞の文の場合、数えられる単語が単数ならばすべて単数となっています。同じように複数の文にかえる場合、数えられるすべての単語を複数にかえる必要があるのです。**

次の問題を「ですワープの法則」で解いてみよう。
似ているけれど違うので気をつけてください。

Q1 これはとても新しいピアノです。

Q2 このピアノはとても新しいです。

これは|とても新しいピアノ|です。

A1 This is a very new piano.

このピアノは|とても新しい|です。

A2 This piano is very new.

※とても新しいピアノは、ピアノが1つと数えられるのでaがつきます。
　新しいだけだと数が数えられないのでaはつきません。

※他にも形容詞（「い」で終わる言葉）が最後にくると、aはつきません。数えられないからです。（赤い、白い、黒い、青い、大きい、小さい、多い、少ない、高い、低い、若い、広い、狭い、浅い、深い、古い、かわいい、美しい、やさしいなど。）

ではあと2問、頑張ってみましょう。

Q3 あの美しい女の人は トムの姉さん です。

Q4 合衆国の首都は ワシントン D.C. です。

A3 That beautiful woman is Tom's sister.

A4 The capital of the United States is Washington, D.C.

She is a girl.
1－1－1の法則　　　大切

They are girls.
2－2－2の法則　　と覚えましょう。

OKですね。

▶スキッと整理してみよう

現在	人	単　数 (1人)	He She	is	a teacher. my friend.
			1	1	1
			⇩	⇩	⇩
		複　数 (2人以上)	They	are	teachers. my friends.
			2	2	2

過去	人	単　数 (1人)	He She	was	a teacher. my friend.
			1	1	1
			⇩	⇩	⇩
		複　数 (2人以上)	They	were	teachers. my friends.
			2	2	2

未来	人	単　数 (1人)	He She	will be	a teacher. my friend.
			1	1	1
			⇩	⇩	⇩
		複　数 (2人以上)	They	will be	teachers. my friends.
			2	2	2

現在	物	単　数 (1つ)	It This That	is	an apple. a dictionary. my new pen.
			1	1	1
			⇩	⇩	⇩
		複　数 (2つ以上)	They These Those	are	apples. dictionaries. my new pens.
			2	2	2

ちょっと聞いていい？ のコーナー

Q 代名詞ってどんな時に使うことが多いんですか？

A 英語では、1度使った名詞を何度も使うことをきらうため、次からは代名詞を使います。その他に、質問されて（疑問文）、Yes, No, で答えられるとき、その次には必ず代名詞を使います。

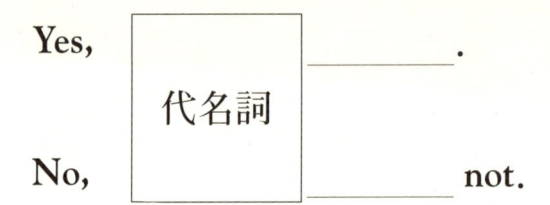

Yes, 　代名詞　_____.

No, 　代名詞　_____ not.

では、試してみましょう。

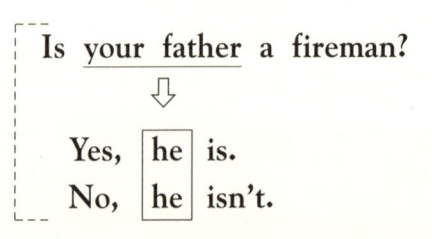

Is your father a fireman?
⇩
Yes, he is.
No, he isn't.

Are Tom and Ken good friends?
⇩
Yes, they are.
No, they aren't.

ここからは特に大切です。

You には2つの意味があります。あなた（単数）　あなた方（複数）
どちらの **You** かによって代名詞の答えがかわってきます。

　　Are you a farmer?
　　　　⇩　あなた（単数）です。
　Yes, | I | am.
　No, | I | am not.

　　　※［あなたは］と聞かれたので［私は］と答えたわけです。

　　Are you teachers?
　　　　⇩　あなた方（複数）です。
　Yes, | we | are.
　No, | we | aren't.

　　　※［あなた方は］と聞かれたので［私たちは］と答えたわけです。

では、今までの内容がわかっているかチェックしてみましょう。

次の文を英作して下さい。

Q1　あれはコンピューターですか？　それともワープロですか？

Q2　彼女は英語の先生ですか？　それとも国語の先生ですか？

　× Is that a computer or word processor?
　× Is she an English teacher or Japanese teacher?

　　こう書いた人はいませんか？　間違っていますね。

Q ワープロ・国語の先生を英語で何と言うでしょう。

△ word processor　　　△ Japanese teacher
○ a word processor　　○ a Japanese teacher

と覚えた方がよかったですよね。

正解は、

A1 Is that a computer or a word processor?

A2 Is she an English teacher or a Japanese teacher?

Is this a computer or a word processor ?
Is she an English teacher or a Japanese teacher ?

単語の覚え方も英語の大切な基本です。高いビルほど基礎は深くしっかりしています。目には見えませんがそれが真理です。

Stage 4 一般動詞の文

ちょっと聞いていい？ のコーナー

 一般動詞ってどんな特色がありますか？

- 一般動詞には動きがあります。run（走る）、swim（泳ぐ）など。
- 一般動詞の前と後は違う内容です。
  I play baseball.〈私と野球は違うものです〉
  Takuya likes Mai.〈タクヤとマイは違う人でしょう〉

ワープの法則 （〜はでワープする。）

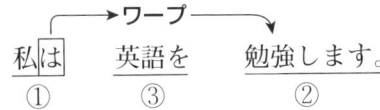

I study English.　ここまではOKですね。

 英語は小さい順に英作をする。
人 → 場所 → 時間（日を含む）

以上の理由により、次の文を英作すると…

1. 私は毎日図書館で友人(1人)と英語を勉強します。
2. 私は毎日友人(1人)と図書館で英語を勉強します。
3. 私は友人(1人)と毎日図書館で英語を勉強します。
4. 私は友人(1人)と図書館で毎日英語を勉強します。
5. 私は図書館で友人(1人)と毎日英語を勉強します。
6. 私は図書館で毎日友人(1人)と英語を勉強します。

答えは6問とも同じになります。

I study English <u>with my friend</u> <u>in the library</u> <u>every day.</u>
　　　　　　　　　　人　　　　　　場所　　　　時間

［英語は小さい順に英作をする］ということについて、もう少し話を進めてみましょう。時間（日を含む）の中にも並べる順番があるんですよ。

> **Point** 時間も小さい順に英作をする。
> 　　　時間 → 午前、正午、午後、夕方、夜 → 日
> 　例：昨日の 午前8時　at eight in the morninig yesterday
> 　　　　　　　　　　　　　時間　　　午前　　　　日

では、上のルールにしたがって英作をしてみましょう。

私は昨日午前7時に起床した。
I got up at seven in the morning yesterday.

> **Point** 小さい順に英作をする。
> 　　　人 → 場所 → 時間（時間 → 午前、午後、正午、夕方、夜 → 日）

上のルールにしたがって英作をしてみましょう。

私は昨日午前7時ごろ公園でシズカに会いました。
I met Shizuka in the park at about seven in the morning yesterday.

ボブとトムと私は先週の日曜日の午前11時に丸山公園でジェーンとメアリーとナンシーに会った。そして私たちは彼女たちとアメリカの自然について長い間話をした。

Bob, Tom and I met Jane, Mary and Nancy in Maruyama Park
　　　　　　　　　　　　　人　　　　　　　場所
at eleven in the morning last Sunday and we talked with them
　時間　　　午前　　　　日
about nature in America for a long time.

さあ、どうでしたでしょうか。長い文になってしまいましたが、上のルール通りにやれば、英作は決して難しくはないとわかっていただけたと思います。

 英語は基本の上に成り立っている。

一般動詞、1人と2人以上

▶このように覚えよう

英語では	Iは特別、Iは王様 Youも特別	例外です。
	あとは	
	2人以上（複数）	
	1人（単数）	

1人だったらsをつける。
singleの法則

例外	[I / You]	play tennis.
2人以上	[We / They]	play tennis.
1人	[He / She]	plays tennis.

またまたsingleの法則　　sをつけよう。

 **1人ならsをつけよう。**

Q　私の息子はテニスをします。

○My son plays tennis.　　もうおわかりですね。

では本当にわかっているか、次の表でチェックしてみましょう。
これだと思う動詞をどちらか（どれか）入れて表を完成してください。

	play, plays	study, studies	have, has	do, does	am, are, is
I					
You					
He					
My daughter					
Mr. Suzuki					
The child					
My parents					
The people					
Mr. and Mrs. Oda					
The children					

先ほどの表に解説を加えて完成させましょう。

		一般動詞				be動詞
		play, plays	study, studies	have, has	do, does	am, are, is
特別	I	play	study	have	do	am
例外	You	play	study	have	do	are
	I と You は上の動詞を使います。					
1人 (単数)	He	plays	studies	has	does	is
	My daughter	plays	studies	has	does	is
	Mr. Suzuki	plays	studies	has	does	is
	The child	plays	studies	has	does	is
	1人の場合、横一線 [s] がつく動詞の表になります。					
2人 以上 (複数)	My parents	play	study	have	do	are
	The people	play	study	have	do	are
	Mr. and Mrs. Oda	play	study	have	do	are
	The children	play	study	have	do	are
	2人以上の場合、[s] がつかない動詞の表になります。					

さあ、全問正解でしたでしょうか？ 表でもわかるように1人（単数）の場合[s]のつく動詞を使います。

くりかえしますが**single**の法則です。

一般動詞の場合IとYou、そして2人以上（複数）は同じ動詞を使います。そしてこれらの動詞にはsはつきません。これらが<u>一般動詞の原形</u>と呼ばれる単語です。

英語では1人と2人以上の差は大きいです。

現在の時制の場合

一般動詞でも単数の場合、1人（1つ）を表す[s]がつく言葉を使います。これも[**single**の法則]です。

※ただし、IとYouは除く、例外です。

疑問文	Do they study English? Does she study English? 　　　↑ 　　　これも **single** の法則の **s** です。 これを見れば単数だと一目でわかります。　※IとYouは除く	
否定文	They don't study English. She doesn't study English. 　↑ 　　　これも **single** の法則の **s** です。 これを見れば単数だと一目でわかります。　※IとYouは除く	
肯定文	They study English. × She study English.	この状態だと、どちらも複数のように見えてしまいます。
	○ She studies English.	※動詞自体に[s]がつく。

Point 肯定文の場合は do, does を使わないので、動詞自体に s をつける。

押さえておきたい一般動詞（現在の場合）								
単数	pass	mix	teach	wash	go	do	try	study	have
複数	passes	mixes	teaches	washes	goes	does	tries	studies	has

※単純にsをつけると発音しにくい単語を発音しやすいように工夫してあると思ってください。×passs, ×She gos to school.
　どうです？　言いにくいでしょう。

▶一般動詞の時制(時代)を ｛普通の文（肯定文）／反対の文（否定文）／質問の文（疑問文）｝でスキッと整理しよう……

■現　在

肯定文	否定文	疑問文
[I / You / We / They] play tennis.	[I / You / We / They] don't play tennis.	Do [I / you / we / they] play tennis?
[He / She] plays tennis.	[He / She] doesn't play tennis.	Does [he / she] play tennis?

［singleの法則］sをつけよう。

■過　去

肯定文	否定文	疑問文
[I / You / We / They / He / She] played tennis.	[I / You / We / They / He / She] didn't play tennis.	Did [I / you / we / they / he / she] play tennis?

◉動詞は過去形にする。
◉否定文、疑問文は **didn't, Did** が［過去］を表しているので動詞は原形。
　（Iが現在で使う言葉）
◉過去では1人と2人以上の区別はありません。

■未来

肯定文	否定文	疑問文
[I / You / We / They / He / She] will play tennis.	[I / You / We / They / He / She] will not play tennis. (won't) 短縮形	Will [I / you / we / they / he / she] play tennis?

◎ 未来は [will] が未来を表す。
◎ 未来でも1人と2人以上の区別はありません。
◎ 動詞はどんな時でも原形。（Iが現在で使う言葉）

まったく形の変わる過去の動詞

不規則動詞 不規則に形を変える動詞なので、こう呼ばれています。

■過　去

肯定文	否定文	疑問文
I went to school.	I didn't go to school.	Did I go to school?
You made this cake.	You didn't make this cake.	Did you make this cake?
We spoke English.	We didn't speak English.	Did we speak English?
They bought the car.	They didn't buy the car.	Did they buy the car?
He took the picture.	He didn't take the picture.	Did he take the picture?
She wrote a letter.	She didn't write a letter.	Did she write a letter?

◎ didn't, Did が過去を表しているので動詞は原形。（Iが現在で使う言葉）

◎不規則動詞は必修です。現在→過去のセットで押さえましょう。

	現在 → 過去
教える	teach → taught
思う	think → thought
買う	buy → bought
捕らえる	catch → caught
持ってくる	bring → brought

このように過去形の似た単語をまとめてしっかり区別して押さえるのも一つの方法です。

Stage 5 表の見方

主格と目的格の関係
所有格と所有代名詞の関係
主格と再帰代名詞の関係

主格と目的格の関係

ちょっと聞いていい？のコーナー

Q よく見る表なのでだいたいわかるんですが、いまいちスッキリしないんですが。

A だいたいでは困りますね。わかると便利な表なので説明していきましょう。

	主 格	所有格	目的格	所有代名詞	再帰代名詞
絵で見て理解する表	①の人		②の人		
人称代名詞	I You We They		me you us them		
	He She		him her		
普通名詞	Mike		Mike		

あなたは次の日曜日に彼女をデートに誘おうと思っているとします。

　①主人公はあなた **You** です。この位置が**主格**です。

　②誘う目的の人が彼女 **her** です。この位置が**目的格**です。

あなたが放つキューピットの矢は目的である相手に向かって真っすぐに飛びます。

矢は真っすぐに飛ぶの法則 (大切)

①の人　②の人 私は　彼女が　好きです。 I like her.	①の人　②の人 彼女は　私が好きです。 She likes me.
①　　　　② 私たちは彼らを知っています。 We know them.	①　　② 私はあなたを愛しています。 I love you. 　　　　※目的格の you です。 　　　矢は真っすぐに飛ぶからです。
①　　② 彼らも私たちを知っています。 They know us, too.	
①　　　　② マイクは彼女に電話をした。 Mike called her. （主格）	①　　　② 彼女はマイクに会った。 She met Mike. 　　　　　　（目的格）
①　　　　　　② マイクと私は 彼女が大好きです。 Mike and I like her very much.	

◎英語ではこの矢は絶対に外れることはありません。

所有格と所有代名詞の関係

ちょっと聞いていい？のコーナー

Q 所有格と所有代名詞は似ていますが、どういう関係なんでしょう。

A 所有格［だれの＋もの］を一言で言ったものが、所有代名詞［だれのもの］です。同じことを表しています。

	主格	所有格	目的格	所有代名詞	再帰代名詞
絵で見て理解する表		This is my car.	＝イコールです	This is mine.	
人称代名詞		my ____ your ____ our ____ their ____ his ____ her ____		mine yours ours theirs his hers	
普通名詞		Mike's ____		Mike's	

---

my car = mine　　your pen = yours　　our school = ours
their house = theirs　　his desk = his　　her racket = hers
Mike's bike = Mike's

This is my book.　This is mine.	Is that your piano?　Is that yours?
These are our desks.　These are ours.	Those are their bags.　Those are theirs.
It is his ball.　It is his.	It is her doll.　It is hers.
This is Mike's notebook.　This is Mike's.	

所有格の位置、いろいろなパターン

私の妹は彼が好きです。
My sister likes him.

彼女は彼の兄を愛しています。
She loves his brother.

彼の妹は彼女の弟を知っている。
His sister knows her brother.

所有格は●動詞の前に入る場合
　　　　●動詞の後に入る場合
　　　　●動詞の前後に入る場合
などがありますが、和文を読む時に所有格とわかれば簡単に英作できますので安心してください。

主格と再帰代名詞の関係

ちょっと聞いていい？ のコーナー

Q 再帰代名詞って何ですか？ どんな文があるんですか？

A 主格と関係の深い言葉です。～自身（主格自身）という意味です。いくつか文を紹介しながら説明しましょう。

	主　格	所有格	目的格	所有代名詞	再帰代名詞
絵で見て理解する表					
人称代名詞	I You(単数) You(複数) We They He She				myself yourself yourselves ourselves themselves himself herself
	It				itself

myself	（私自身）	ourselves	（私たち自身）
yourself	（あなた自身）	yourselves	（あなたがた自身）
himself	（彼自身）	themselves	（彼ら自身）
herself	（彼女自身）	themselves	（彼女ら自身）
itself	（それ自身）	themselves	（それら自身）

Iは［私は］という意味です。それに対しmyselfは［私自身］という意味を表します。自分自身と言った方がわかりやすいでしょうか。

それでは再帰代名詞の文をいくつか紹介しておきましょう。

彼女は自分の姿を鏡に映して見た。（彼女は彼女自身を鏡の中に見た）
She looked at herself in the mirror.

彼は自分でそれをした。（彼は彼自身でそれをした）
He did it himself.

あなたはそこへ一人で行ってはならない。
You must not go there by yourself.

先生が休みだったので僕たちは自習をした。
Our teacher was absent and we studied by ourselves.

どうぞお体を大切に。
Please take care of yourself.

Stage 6 特別な文 その1 進行形

さあ、進行形の出番です。be動詞が時制を担当する特別な文です。文を見ながら説明しましょう。

彼らは今、野球をしています。　　　　　　　　　　［現在進行形］
They are playing baseball now.

彼らは昨日、野球をしていました。　　　　　　　　［過去進行形］
They were playing baseball yesterday.

彼らは明日、野球をしているでしょう。　　　　　　［未来進行形］
They will be playing baseball tomorrow.

以上のように、その時制に応じて、現在、過去、未来の進行形の文があります。

Point　進行形の文は［be動詞と〜ing（現在分詞）］で作られる。
　　　　　時制はbe動詞が担当する。

ではここで現在分詞についてふれておきましょう。よく見る表ですよね。

現　在	過　去	現在分詞	過去分詞
speak	spoke	**speaking**	spoken

　　　　　　　　　　⇧

進行形は［be動詞＋現在分詞（この位置の言葉）］で作られます。
現在分詞と呼ばれていますが現在、過去、未来の文があります。

現在と過去の言葉だけなら楽なのに、どうして現在分詞まであるんだろう？と思われている方がいらっしゃるかもしれませんね。実は私も遠い昔、そう思ったものですから。

　普通の文と進行形の文の違いが明確になれば、その謎はとけます。説明しましょう。

| 普通の文 | あなたはテレビを見ますか。 | Do you watch TV? |
| | はい。私はテレビを見ます。 | Yes, I do. I watch TV. |

次は進行形の文です。
友人が電話をかけてきた場面を想定してください。

| 進行形の文 | 今、何しているの。 | What are you doing now? |
| | テレビを見ています。 | I am watching TV. |

※他の答え方もありますが、あまりおすすめできません。一応書いておきますが…。

I am calling you.（電話をしています。）

普通の文と進行形の文の違い

まずは［文字］で見分けてみましょう。

| 普通の文 | 私はテレビを見ます。 |
| 進行形の文 | 私はテレビを見ています。 |

　進行形の文には［てい］の2文字が多いことがわかってもらえると思います。目安にしてもらえばよいでしょう。ただしすべての動詞が進行形にできるわけではありません。

原則として進行形にできない動詞

have 持っている	know 知っている	live 住んでいる	see 見えている
love 愛している	hate 憎んでいる	believe 信じている	resemble 似ている
like 好きだ	want ほしい	hear 聞こえる	forget 忘れる

　上の表をよく見ると［てい］の2文字の含まれた動詞もありますね。これらは一般動詞でありながら、すでに進行形のような意味を持っているんです。したがって進行形にはできない。する必要がないと考えた方がわかりやすいでしょうか。

※もし迷った時は［てい］の2文字を外すと進行形かそうでないかがわかります。

| ［見ている→見る］意味が通れば進行形 |
| ［愛している→愛しる］意味が通らなければ普通の文 |

目安にしてください。意味も考慮のこと。

　さて、原則として進行形にできない動詞を紹介しましたが、原則としない場合は進行形にできるのかな？と言う言葉が聞こえてきそうなのでお答えしておきます。
　次のような場合はOKです。

［一時的に住んでいる場合］
　　兄（私の）は今、ロンドンに住んでいます。（一時的）
　My brother is living in London now.

［(持っている) という意味以外で **have** を使う場合］
　　妹（私の）は昼ごはんを食べているところだ。
　My sister is having lunch now.

　　私はニュージーランドで楽しい時をすごしています。
　I am having a good time in New Zealand.

[会うことになっている]（予定）または[見物している]（意識的）などの場合
　私は今夜、彼女の両親に会うことになっている。
I am seeing her parents this evening.

[いつも～してばかりいる]非難の意味がこめられている場合　| want, forget も OK |
　つまらないうわさを信じてばかりいるんだから。
They are always believing a groundless rumor.

　わかっていただけたでしょうか。それではもう一度、基本的な内容にもどります。基本から応用そして例外、この順番が迅速な学習法だと思いますよ。学習中に便利な法則に出会えるとラッキーですね。

進行形は【その場でしか使えない】
| She is playing tennis with her friend. （彼女は友人とテニスをしています） |
| ※[She]と[her friend]がラケットを持ってテニスコートにいる場面 |

普通の文の場合は【場所を選ばず使える】
| She plays tennis with her friend. （彼女は友人とテニスをします） |
| ※上の文は彼女が教室にいても食堂にいても使える。コートにいなくても**OK**です。 |

　進行形はbe動詞を使う文だから肯定文、否定文、疑問文の変化もbe動詞の文と同じです。軽くおさらいしておきましょう。

		be動詞の文	進行形の文
現在	肯定	He is a carpenter. ※大工	The baby is sleeping.
	否定	He isn't a carpenter.	The baby isn't sleeping.
	疑問	Is he a carpenter?	Is the baby sleeping?
過去	肯定	He was a fireman. ※消防士	The girl was reading.
	否定	He wasn't a fireman.	The girl wasn't reading.
	疑問	Was he a fireman?	Was the girl reading?
未来	肯定	He will be a sailor. ※船乗り	The boy will be playing.
	否定	He won't be a sailor.	The boy won't be playing.
	疑問	Will he be a sailor?	Will the boy be playing?

一般動詞の文を進行形の文に直す

一般動詞の文 ↓（現在） 進行形の文	She doesn't play the drums. ↓　　↓ She isn't playing the drums.
一般動詞の文 ↓（過去） 進行形の文	He helped his mother. ↓　↓ He was helping his mother.
助動詞の文 ↓（未来） 進行形の文	Will they fly in the sky? ↓　　↓ Will they be flying in the sky?

進行形に直した文のチェックポイント

1. be動詞はあるか
2. 時制は合っているか
3. 現在分詞になっているか

英語は肯定文が基本

　一般動詞の否定文や疑問文を進行形の文に直す方法の一つを紹介しておきましょう。

一般動詞の否定文→肯定文→進行形の文→進行形の否定文	でき上がり
一般動詞の疑問文→肯定文→進行形の文→進行形の疑問文	でき上がり

一般動詞の否定文	↓	He didn't eat lunch.
肯定文	↓	He ate lunch.
進行形の文	↓	He was eating lunch.
進行形の否定文	◎	He wasn't eating lunch.

でき上がり

一般動詞の疑問文	↓	Did she watch a volleyball game?
肯定文	↓	She watched a volleyball game.
進行形の文	↓	She was watching a volleyball game.
進行形の疑問文	◎	Was she watching a volleyball game?

でき上がり

　基本通りにやれば、間違えることはありません。

　基本を押さえてスピードアップ。それが迅速への近道です。

いろんな進行形の文

リンダは小説（長編の）を読んでいます。
Linda is reading a novel.

トムはマンガを読んでいました。
Tom was reading a comic book.

あの学生たちは野球をしているのではありません。
Those students aren't playing baseball.

彼らは今、ソフトボールをしているのです。
They are playing softball now.

そのとき、あなたは数学を勉強していたのですか。
Were you studying math at that time?

私は昨日、英文法を勉強していました。
I was studying English grammar yesterday.

だれがプールで泳いでいるんですか。メグです。
Who is swimming in the pool? Meg is.

昨夜、雨が降っていましたか。いいえ、降っていませんでした。
Was it raining last night? No, it wasn't.

ボブは昨夜の9時には宿題をしていませんでした。
Bob wasn't doing his homework at nine last night.

彼は何をしていたのですか。
What was he doing?

彼は部屋で（彼の）寝ていました。
He was sleeping in his room.

何人の人がここで学んでいるのですか。
How many people are learning here?

何人の少年少女たちがその映画を楽しんでいるのですか。
How many boys and girls are enjoying the movie?

1 ランク up の進行形の文

あなたは今、何をしているんですか。
What are you doing now?

私は今、自分のメガネを探しています。
I am looking for my glasses now.

私は今、馬の世話をしています。
I am taking care of a horse now.

私は今、ガールフレンドを待っています。
I am waiting for my girlfriend now.

今、雨がとても激しく降っています。
It is raining very hard now.

彼はその時、自分の車を洗っていました。
He was washing his car at that time. ＝(then)

私が家に帰ったとき妹はピアノを弾いていました。
My sister was playing the piano when I came home.
＝When I came home, my sister was playing the piano.

彼女は子どものころ泣いてばかりいました。
She was always crying in her childhood.

彼女が目覚めたとき、雪が激しく降っていました。
It was snowing hard when she woke up.

彼らは明日の夕方、太平洋の上を飛んでいることでしょう。
They will be flying over the Pacific tomorrow evening.

私は午後、入院中の友だち（1人）を見舞いに行きます。
I will be visiting my friend in hospital this afternoon.

明日の今ごろは雪が降っているだろう。
It will be snowing about this time tomorrow.

Stage 7 特別な文 その2 受動態

　受動態（受け身）の出番です。やはりbe動詞が時制を担当する特別な文です。文を見ながら説明しましょう。

彼女はだれからも愛されています。 She is loved by everybody.	［受動態］現在
彼女はだれからも愛されていました。 She was loved by everybody.	［受動態］過去
彼女はだれからも愛されるでしょう。 She will be loved by everybody.	［受動態］未来

　以上のようにその時制に応じて、現在、過去、未来の受動態の文があります。

Point 　受動態の文は［be動詞と過去分詞］で作られる。
　　　　時制はbe動詞が担当する。

では過去分詞についてふれておきましょう。

現　在	過　去	現在分詞	**過去分詞**
speak	spoke	speaking	**spoken**

　　　　　　　　　　　　　　　　⇧

　受動態は［be動詞＋過去分詞（この位置の言葉）］で作られます。過去分詞と呼ばれていますが現在、過去、未来の文があります。

普通の文と受動態の文を比べてみましょう。

| 普通の文 | コリンはこれらの教科書を使います。
Colin uses these textbooks. |

| 受動態の文 | これらの教科書はコリンによって使われます。
These textbooks are used by Colin. |

| 普通の文 | 級友たちは（私の）私をユイと呼びます。
My classmates call me Yui. |

| 受動態の文 | 私は級友たちに（私の）ユイと呼ばれています。
I am called Yui by my classmates. |

受動態は立場を入れ替えた文です。

普通の文と受動態の文の違い

まずは［文字］で見分けてみましょう。

| 普通 | 話します | 選ぶ | 招待した | 送った | 書くでしょう |
| 受動態 | 話されます | 選ばれる | 招待された | 送られた | 書かれるでしょう |

受動態の場合［れ］の文字が入り、これが受け身の特徴です。目安にしてください。
以上のことをふまえて、もう少し普通の文と受動態の文を見てみましょう。

| 普通の文 | 彼女はすべての部屋を掃除しました。
She cleaned all the rooms. |

| 受動態の文 | すべての部屋は彼女によって掃除されました。
All the rooms were cleaned by her. |

普通の文	だれがこの詩を書きましたか。
	Who wrote this poem?
受動態の文	この詩はだれによって書かれましたか。
	Who was this poem written by?
	= By whom was this poem written?

わかっていただけたでしょうか。

ただし受動態の文でも次のような言葉を用いる場合は［れ］が入りません。受動態の言葉としてカタマリで押さえてください。

be interested in～　～に興味がある	be pleased with～　～が気に入っている
be surprised at～　～に驚く	be shocked at～　～にびっくりする
be filled with～　～でいっぱいである	be made of～　～で出来ている
be made from～　～から作られる	be made into～　～に作られる
be disappointed in～　～に失望する	（加工されて～になる）
be satisfied with～　～に満足している	

次の2つは［れ］が入ります。いっしょに押さえておきましょう。

be known to～　～に知られている	be covered with～　～におおわれている

ではこれらの言葉を使った受動態の文を見てみましょう。

彼は歴史に興味をもっています。
He is interested in history.

彼女は新しい自転車がとても気に入っていました。
She was very pleased with her new bike.

私はその知らせを聞いてとても驚きました。
I was very surprised at the news.

私は彼の化粧を見てびっくりしました。
I was shocked at his make-up.

そのバケツには水がいっぱい入っています。
The bucket is filled with water. [＝ is full of]

この机は木で出来ています。
This desk is made of wood.

※ be made of は製品になっても質の変化しない［材料］のときに用いる。

バターは牛乳から作られます。
Butter is made from milk.

※ be made from は加工の前後で質の変化する［原料］のとき用いる。

牛乳は加工されてバターになります。
Milk is made into butter.

その母親は息子の失敗に失望しました。
The mother was disappointed in her son's failure.

その父親はその結果に満足している。
The father is satisfied with the results.

彼の名前はその町のだれにでも知られています。
His name is known to everybody in the town.

その丘は雪でおおわれていました。
The hill was covered with snow.

53

受動態もbe動詞の文だから肯定文、否定文、疑問文の変化もbe動詞の文と同じです。軽くおさらいしておきましょう。

		be動詞の文	受動態の文
現在	肯定	She is a singer.	She is loved by him.
	否定	She isn't a singer.	She isn't loved by him.
	疑問	Is she a singer?	Is she loved by him?
過去	肯定	He was a scholar.	He was helped by her.
	否定	He wasn't a scholar.	He wasn't helped by her.
	疑問	Was he a scholar?	Was he helped by her?
未来	肯定	He will be a judge.	It will be made by them.
	否定	He won't be a judge.	It won't be made by them.
	疑問	Will he be a judge?	Will it be made by them?

　※a singer（歌手）
　　a scholar（学者）
　　a judge（裁判官）

一般動詞の文を受動態の文に直す

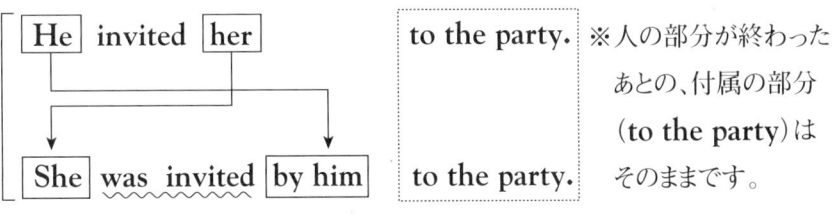

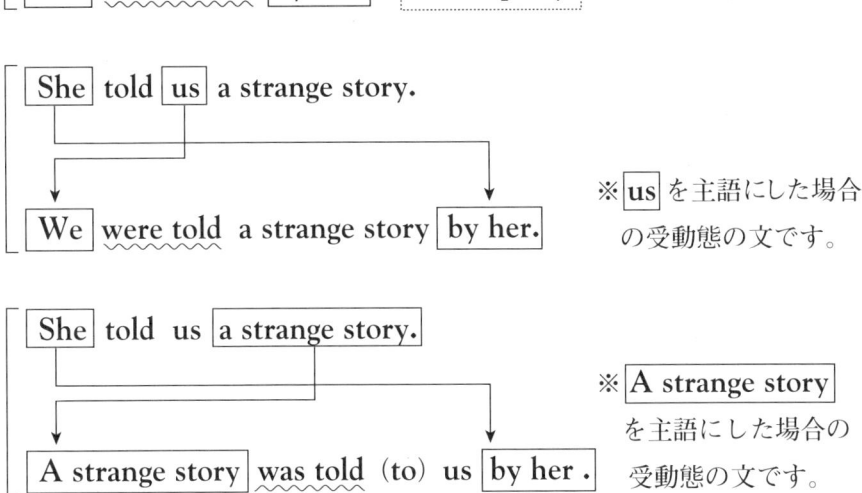

He invited her → to the party.

She was invited by him → to the party.

※人の部分が終わったあとの、付属の部分 (to the party) はそのままです。

She told us a strange story.

We were told a strange story by her.

※ us を主語にした場合の受動態の文です。

She told us a strange story.

A strange story was told (to) us by her.

※ A strange story を主語にした場合の受動態の文です。

受動態に直した文のチェックポイント

立場を入れかえ、主格を目的格に直した後
1. be動詞はあるか
2. 時制は合っているか
3. 過去分詞になっているか

英語は肯定文が基本

　一般動詞の否定文や疑問文を受動態の文に直す方法の一つを紹介しておきましょう。

| 一般動詞の否定文→肯定文→受動態の文→受動態の否定文 | でき上がり |
| 一般動詞の疑問文→肯定文→受動態の文→受動態の疑問文 | でき上がり |

一般動詞の否定文	↓	Mary didn't write this letter.
肯定文	↓	Mary wrote this letter.
受動態の文	↓	This letter was written by Mary.
受動態の否定文	◎	This letter wasn't written by Mary.

でき上がり

一般動詞の疑問文	↓	Did Ken collect these CDs?
肯定文	↓	Ken collected these CDs.
受動態の文	↓	These CDs were collected by Ken.
受動態の疑問文	◎	Were these CDs collected by Ken?

でき上がり

advice　基本を押さえた後、スピードアップを。

1 ランク up の受動態の文

英語は世界の各地で話されています。
English is spoken in many parts of the world.

この部屋は母によっていつもきれいにされています。
This room is always kept clean by my mother.

ここでは日本語を使ってはいけない。
Japanese must not be used here.

富士山の頂上は雪でおおわれている。
The top of Mt. Fuji is covered with snow.

その扉はジムがこわしたのではない。(こわされたのではない)
The door wasn't broken by Jim.

その小猫は私の父によってコマと名づけられた。
The kitty was named Koma by my father.

彼女の目は涙でいっぱいだった。
Her eyes were filled with tears.

彼は医者にたばこを吸いすぎないように忠告された。
He was advised by the doctor not to smoke too much.

私の妹は私の贈り物に喜ぶだろう。
My sister will be pleased with my present.

あの壁はボブによって黄色く塗られるでしょう。
That wall will be painted yellow by Bob.

この本は多くの人々に読まれるでしょう。
This book will be read by many people.

その道に迷った犬は親切な家族に世話をされるだろう。
The stray dog will be taken care of by a kind family.

Stage 8　特別な文　その3　完了形

おまたせしました。現在完了形［継続］の出番です。haveまたはhasが時制を担当する特別な文です。文を見ながら説明しましょう。

私は昨日からずっとここにいます。
I have been here since yesterday.

彼は3年間ずっと神戸に住んでいます。
He has lived in Kobe for three years.

Point　現在完了形の文は［have, hasと過去分詞］で作られる。
　　　　時制はhaveまたはhasが担当する。

現　在	過　去	現在分詞	過去分詞
speak	spoke	speaking	**spoken**

※受動態と同じ位置を使うため時制に
×be動詞は使えない。

⇧
現在完了形は［haveまたはhas＋過去分詞（この位置）］で作られる。

普通の文と現在完了形［継続］の文の違い

［普通の文］
私は 三田に います。
私は 三田に 住んでいます。

［現在完了形の文］
私は ずっと 三田に います。
私は ずっと 三田に 住んでいます。

○同じ文字に線を引くと現在完了形には「ずっと」という文字が多いことがわかります。現在完了形は過去から現在までの幅を表します。

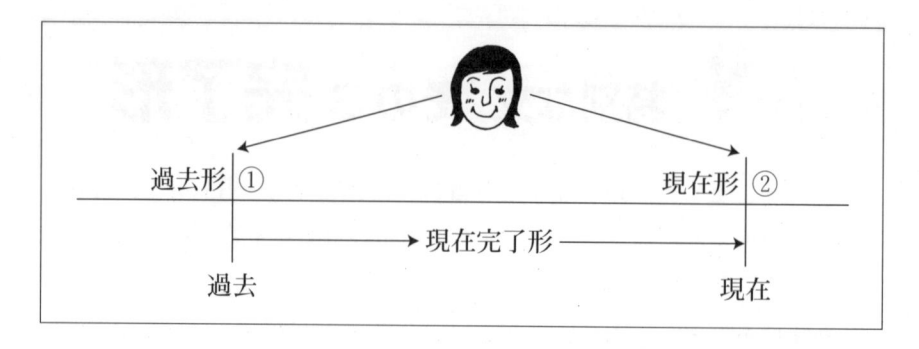

|過去形 ①　　　　　　　　　現在形 ②
　　　　　　　← 現在完了形 →
　過去　　　　　　　　　　　　　現在

①**現在の文**　　［私は三田に住んでいます。］は現在の一点のみを表す。
　　　　　　　I live in Sanda.（過去のことはわからない）

②**過去の文**　　［私は三田に住んでいました。］は過去の一点のみを表す。
　　　　　　　I lived in Sanda.（現在のことはわからない）

③**現在完了形**　［私はずっと三田に住んでいます。］は過去から現在の
　の文　　　　幅を表す。
　　　　　　　I have lived in Sanda.（過去から現在までがわかる）

※完了形、受動態で使われる[**lived**]や[**made**]はすべて過去分詞です。過去形ではありません。念のために。

ちょっと聞いていい？ のコーナー

Q have＋過去分詞で現在完了形が作れるなら、had＋過去分詞で過去の完了形が作れるんですか？

A その通り、had＋過去分詞で過去完了形、そしてwill have＋過去分詞で未来完了形が作れます。

現在完了形 （継続）	私は5年間神戸に住んでいる。 I have lived in Kobe for five years.
過去完了形 （継続）	私は5年間神戸に住んでいた。 I had lived in Kobe for five years.
未来完了形 （継続）	私は来年で5年間神戸に住んでいることになる。 I will have lived in Kobe for five years next year.

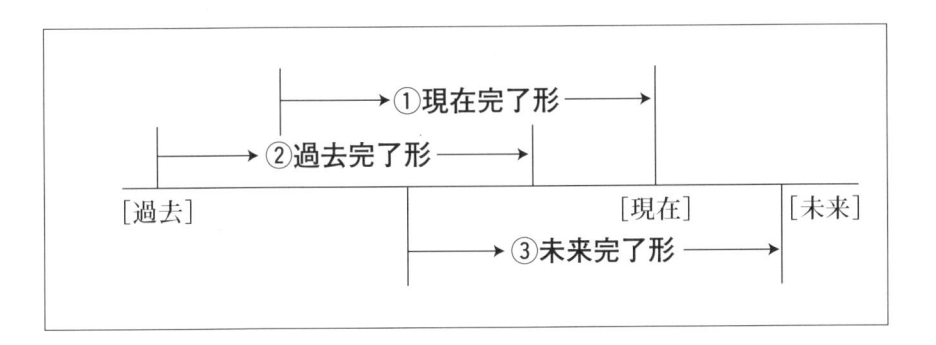

```
         ┌──→①現在完了形──→┐
    ┌──→②過去完了形──→┐
[過去]                    [現在]      [未来]
              ┌──→③未来完了形──→┐
```

現在完了形（継続）

彼らは2年間ずっと青森に住んでいます。
They have lived in Aomori for two years.

ジェーンは先週からずっと病気です。
Jane has been sick since last week.

3日前からずっと天気が良いです。　　※完了形では3日前からを3日間と考えます。
It has been fine for three days.　　×(three days agoは使えません)

過去完了形（継続）

過去のある時点まで「ずっと〜していた」ということを表します。

```
        ├──→過去完了形（継続）──→│
           過去のある時点    │  現在
```

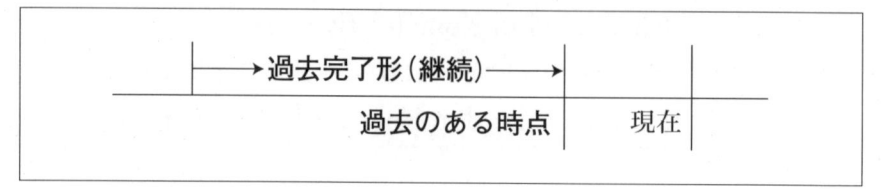

過去完了形（継続）の文をいくつか紹介しておきましょう。

彼女は昨年まで2年間ずっと岩手に住んでいた。
She had lived in Iwate for two years until last year.

メアリーは昨日まで3日間ずっと病気だった。
Mary had been sick for three days until yesterday.

昨日までずっと天気がよかった。
It had been fine until yesterday.

未来完了形（継続）

未来のある時点で「ずっと〜したことになる」ということを表します。

```
              ├──→未来完了形（継続）──→
     過去        現在  │ 未来のある時点
```

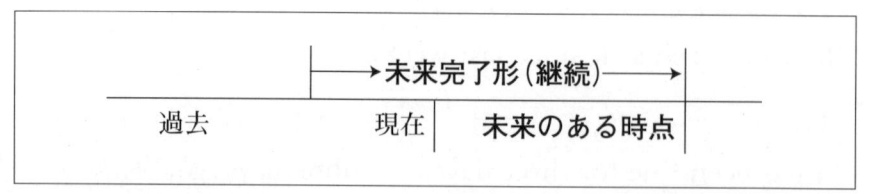

未来完了形（継続）の文をいくつか紹介しておきましょう。

私たちは来年で10年間ずっと宮城に住んだことになる。
We will have lived in Miyagi for ten years next year.

彼女は明日で一週間ずっと欠席だったことになる。
She will have been absent for a week tomorrow.

明日で5日間ずっと天気が良かったことになる。
It will have been fine for five days tomorrow.

現在完了形（完了）

完了なので「終わったところだ」ということを表します。

ちょっと聞いていい？のコーナー

Q 完了形の「継続」というのを習いましたが、完了形はひとつではないんですか？

A はい、「継続」の他に「完了」「経験」「結果」があります。

Q それをどうやって見分けるんですか？

A 「完了」には完了にしか使わない単語、「経験」には経験にしか使わない単語というものがあります。それが目安になります。「継続」の場合sinceとforでしたね。

| 完了の目安 | **already**（もうすでに）、**just**（ちょうど）、**yet**（もうすでに、まだ） |

```
        ──────→ 現在完了形（完了）──────→
   過去                              現在
```

現在完了形（完了）の文をいくつか紹介しておきましょう。

彼はもうすでに宿題を終えました。
He has already finished his homework.

私はちょうどこの本を読み終えたところです。
I have just read this book.

彼はもう(すでに)宿題を終えましたか。　はい、終えました。いいえ、まだです。
Has he finished his homework yet?　Yes, he has.　　No, he hasn't.

あなたはもうその本を読み終えましたか。　はい、読みました。　いいえ、まだです。
Have you read the book yet?　Yes, I have.　　No, I haven't.

彼はまだ自分の宿題を終えていません。
He hasn't finished his homework yet.

※肯定文で使われる **some** が疑問文や否定文で **any** に変わるように **already** も疑問文や否定文では **yet** に変わる。

私はまだこの本を読み終えていません。
I haven't read this book yet.

過去完了形（完了）

過去のある時点までに「終えていた」ということを表します。

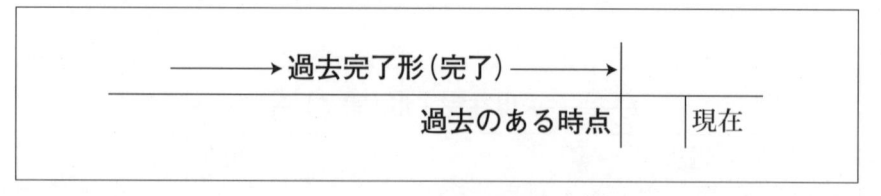

```
———→ 過去完了形(完了) ———→|
            過去のある時点  | 現在
```

過去完了形（完了）の文をいくつか紹介しておきましょう。

私が家に帰ったとき弟はもう宿題を終えてしまっていた。
My brother had already finished his homework when I came home.

彼らは正午までに昼食を終えてしまっていた。
They had already eaten lunch before noon.

私がそれを終えた時、彼女はもうその本を読んでしまっていた。
She had read the book when I finished it.

未来完了形（完了）

未来のある時点までに「終えてしまっているだろう」ということを表します。

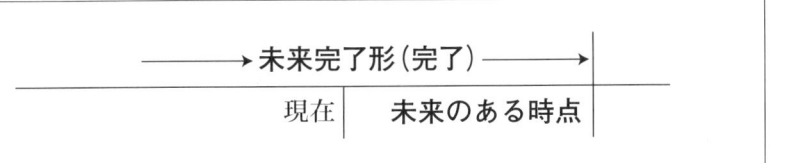

```
━━━━━━━━━━▶ 未来完了形（完了） ━━━━▶
            現在  │  未来のある時点
```

未来完了形（完了）の文をいくつか紹介しておきましょう。

彼は2時間以内には宿題を終えてしまっていることだろう。
He will have finished his homework in two hours.

彼女は1時間以内にはその手紙を書き終えてしまっていることだろう。
She will have written the letter in an hour.

私は明日の朝までにはこの本を読み終えていることだろう。
I will have read this book by tomorrow morning.

現在完了形（経験）

現在までの経験を聞かれたり、回数を答えたりする文が多いです。

経験の目安	ever（今までに）、never（一度も～ない）、many times（何度も）、once（1度）、twice（2度）、three times（3度）、several times（数回）

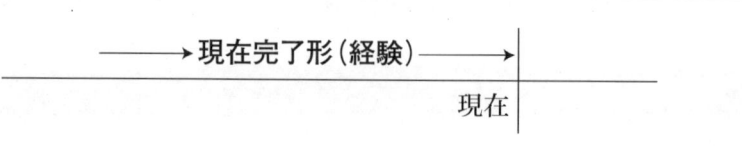

```
　　　　　　　→ 現在完了形（経験）→
　　　　　　　　　　　　　　　　　現在
```

現在完了形（経験）の文をいくつか紹介しておきましょう。

私は一度千葉を訪れたことがあります。
I have visited Chiba once.

あなたは今までに沖縄へ行ったことがありますか。
Have you ever been to Okinawa?

私たちは一度も北海道へ行ったことがありません。
We have never been to Hokkaido.

彼は前にバレーボールをしたことがある。
He has played volleyball before.

あなた方は今までに何度その紳士に会いましたか。
How many times have you ever met the gentleman?

一度だけです。　一度もありません。
Just once.　　Never.

私はあんなに美しいご婦人を一度も見たことがありません。
I have never seen such a beautiful lady.

私はかつてイギリスを訪れたことがある。
I have once visited England.

過去完了形（経験）

過去のある時点より前の経験を聞かれたり答えたりする文が多いです。

過去 ──→ 過去完了形（経験）──→ 過去のある時点	現在

過去完了形（経験）の文をいくつか紹介しておきましょう。

彼はその時より前に2度山口を訪れたことがあった。
He had visited Yamaguchi twice before that time.

私はその時より前に3度埼玉に行ったことがあった。
I had been to Saitama three times before that time.

彼女はここに来る前に1度サッカーをしたことがあった。
She had played soccer once before she came here.

未来完了形（経験）

未来のある時点までの経験を聞かれたり答えたりする文が多いです。

	──→ 未来完了形（経験）→
現在	未来のある時点

未来完了形（経験）の文をいくつか紹介しておきましょう。

また愛媛を訪れると私はそこを5回訪れたことになる。
If I visit Ehime again, I will have visited there five times.

彼がもう1度エベレストに登ったら3度登ったことになる。
He will have climbed Mt. Everest three times if he climbs it again.

もし彼女が再び英語で手紙を書いたら2度書いたことになる。
She will have written a letter in English twice if she writes it again.

現在完了形（結果）

過去にあった出来事の今の結果を表します。

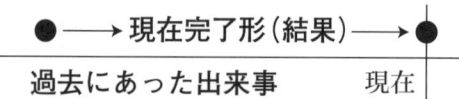

●──→ 現在完了形（結果）──→●
過去にあった出来事　　　　現在

現在完了形（結果）の文をいくつか紹介しておきましょう。

私は腕時計を失った。（失ったままです）
I have lost my watch.

彼女はハワイに行ったままです。
She has gone to Hawaii.

彼は英語の先生になった。（なって今も先生をしている）
He has become an English teacher.

ちょっと聞いていい？ のコーナー

Q 過去形のI lost my watch. と現在完了形のI have lost my watch. とは、どう違うんですか？

A 過去形の方は過去の一点のみを言っています。
（今のことにはふれていない）
現在完了形の方は今もないということを同時に意味しています。

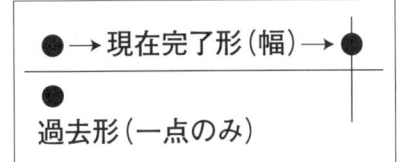

```
●─→現在完了形（幅）→●
●
過去形（一点のみ）
```

Q 現在完了形（結果）のI have gone to Hawaii. と、
現在完了形（経験）のI have been to Hawaii.とは、どう違うんですか？

A （結果）の方は帰って来てない。（本人がいないので何も聞けない）
（経験）の方は帰って来ている。（本人がいるので経験の話が聞ける）
という決定的な違いがあります。

過去完了形（結果）

過去から続く過去のある時点での結果を表します。

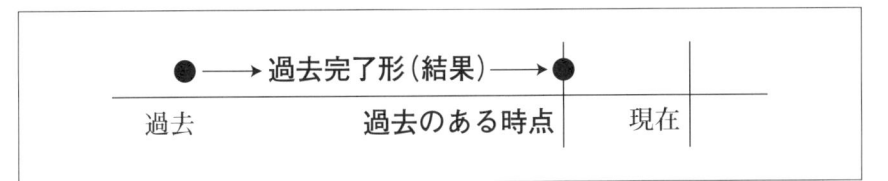

```
●──→過去完了形（結果）──→●
過去      過去のある時点      現在
```

過去完了形（結果）の文をいくつか紹介しておきましょう。

私は腕時計を失ったままだった。

I had lost my watch.

彼女はイギリスへ行ったままだった。

She had gone to England.

未来完了形（結果）

過去から続く未来のある時点での結果を表します。

```
              ●──→ 未来完了形（結果）──→●
   過去       現在  |   未来のある時点
```

未来完了形（結果）の文をいくつか紹介しておきましょう。

私は腕時計を失ったままでしょう。
I will have lost my watch.

彼女はスイスへ行ったままでしょう。
She will have gone to Switzerland.

現在完了進行形（継続）

過去から現在までの幅を表します。

The man has been running for two hours.
その男の人は2時間ずっと走り続けている。

ちょっと聞いていい？ のコーナー

Q 現在完了形の継続と現在完了進行形とは、どう違うんですか？

A どちらも過去から現在の幅を表すので同じです。

Q どうして2種類あるんですか？

A 現在完了形の継続に使える単語と使えない単語があるからです。目安として進行形に使える単語（walk, write, playなど）が現在完了進行形に使われ、継続の意味を表すのです。

現在完了進行形の文をいくつか紹介しておきましょう。

私は8時間ずっと働き続けている。
I have been working for eight hours.

彼らは6年間ずっと英語を勉強している。
They have been studying English for six years.

彼は先週からずっと彼女を待っている。
He has been waiting for her since last week.

過去完了進行形（継続）

過去のある時点まで「ずっと~していた」ということを表します。

```
      ──→ 過去完了進行形 ──→
              過去のある時点 | 現在
```

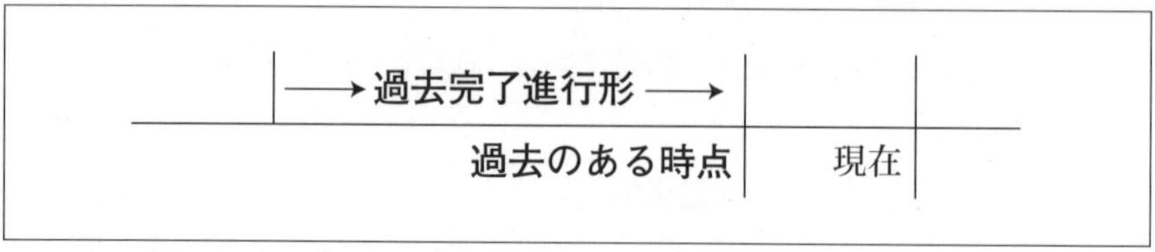

過去完了進行形の文をいくつか紹介しておきましょう。

その男の人はその時まで1時間ずっと走っていた。
The man had been running for an hour until then.

私は9時間ずっと働いていた。
I had been working for nine hours.

彼らは昨年まで3年間ずっと英語を勉強していた。
They had been studying English for three years until last year.

彼は昨日まで4日間ずっと彼女を待っていた。
He had been waiting for her for four days until yesterday.

未来完了進行形（継続）

未来のある時点まで「ずっと~していた」ということを表します。

```
              ──→ 未来完了進行形 ──→
過去        現在 | 未来のある時点
```

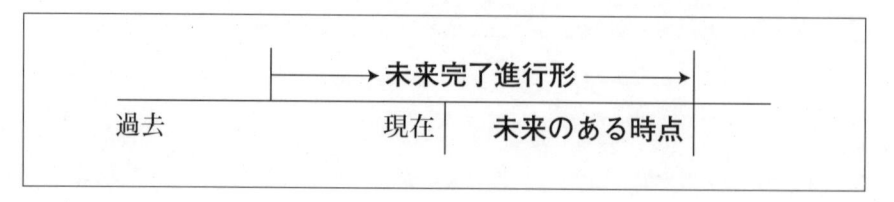

未来完了進行形の文をいくつか紹介しておきましょう。

その男の人は正午で3時間ずっと走り続けたことになる。
The man will have been running for three hours at noon.

私は7時で10時間ずっと働いたことになる。
I will have been working for ten hours at seven o'clock.

彼らは来年で5年間ずっと英語を勉強していたことになる。
They will have been studying English for five years next year.

彼は明日で10日間ずっと彼女を待ち続けていたことになる。
He will have been waiting for her for ten days tomorrow.

▶━ 決定的に理解できるページ ━◀

	[継続] の用法
現在完了形 have(has)＋過去分詞	I have lived in Kobe for five years. 私は5年間ずっと神戸に住んでいる。
過去完了形 had＋過去分詞	I had lived in Kobe for five years. 私は5年間ずっと神戸に住んでいた。
未来完了形 will have＋過去分詞	I will have lived in Kobe for ten years. 私は10年間ずっと神戸に住んだことになる。
	[完了] の用法
現在完了形 have(has)＋過去分詞	I have already finished my homework. 私はもうすでに宿題を終えました。
過去完了形 had＋過去分詞	I had already finished my homework. 私はもうすでに宿題を終えてしまっていた。
未来完了形 will have＋過去分詞	I will have finished my homework. 私は宿題を終えてしまっていることだろう。
	[経験] の用法
現在完了形 have(has)＋過去分詞	I have visited England twice. 私は2度イギリスを訪れたことがある。
過去完了形 had＋過去分詞	I had visited England once. 私は1度イギリスを訪れたことがあった。
未来完了形 will have＋過去分詞	I will have visited England three times. 私は3度イギリスを訪れたことになる。

[結果] の用法	
現在完了形 have(has)＋過去分詞	I have lost my watch. 私は腕時計を失った。（ままだ）
過去完了形 had＋過去分詞	I had lost my watch. 私は腕時計を失ったままだった。
未来完了形 will have＋過去分詞	I will have lost my watch. 私は腕時計を失ったままでしょう。
完了進行形 [継続]	
現在完了形 have(has)＋過去分詞	I have been working for eight hours. 私は8時間ずっと働いている。
過去完了形 had＋過去分詞	I had been working for six hours. 私は6時間ずっと働いていた。
未来完了形 will have＋過去分詞	I will have been working for ten hours. 私は10時間ずっと働いたことになる。

著者からの注意とお願い

進行形、受動態、完了形と特別な文を3つ理解していただけたことと思います。英語は一つ一つ理解していけば確実に力がつきます。ただし、次のページは特別です。理解できるとさらに英語がわかってきます。

著者からの注意

混乱する可能性があります。積み上げてきたものが、ぐらつく可能性があります。今までの内容がわかっている人は安心です。わかっているつもりの人が少し心配です。

著者からのお願い

混乱するようであれば取るべき道は2つです。
　①次のページをとばして最後に次のページに戻る。
　　（次のページ以外、理解できている状態で続きを理解していってください）
　②進行形、受動態、完了形へ今一度もどり、完全にわかった状態で次のページに進んでください。でも、私が心配しすぎているだけかもしれませんね。説明を始めましょう。

特殊な受動態

完了形の中に完了形と進行形を合わせた［完了進行形］がありましたよね。同じように完了形と受動態を合わせた［完了形の受動態］があります。文で見てみましょう。

完了形の文	私はその仕事をちょうど終えたところです。 I have just finished the work.
完了形の受動態の文	The work has just been finished (by me). その仕事はちょうど終えたばかりです。

完了形の文	The music has made us very happy.
完了形の受動態の文	We have been made very happy by the music.

次は進行形と受動態を合わせた［進行形の受動態］です。

進行形の文	委員会はその問題を討論しています。 The committee is discussing the problem.
進行形の受動態の文	The problem is being discussed by the committee. その問題は委員会によって討論されています。

進行形の文	They are now repairing my car.
進行形の受動態の文	My car is now being repaired (by them).

Stage 9 命令文

さあ、命令文です。命令文の大きな特徴は**主語がない**ということです。ところで、日本で一番多く使われている命令文は何だと思われますか？私は次の文だと思います。

Study.（勉強しなさい。）

ご覧の通り主語がありません。

主語をカットして命令文をつくってみましょう。

	〈一般〉	〈be〉
普通の文 ↓ 命令文	You | study English. ✂cut ○ | Study English. （英語を勉強しなさい。）	You | are kind. ✂cut ○ | Be kind. （親切にしなさい。）

◎文のはじめは大文字で書きましょう。

	〈一般〉	〈be〉
普通の文 ↓ 命令文	She | studies English. ✂cut ○ | Study English. （英語を勉強しなさい。）	She | is kind. ✂cut ○ | Be kind. （親切にしなさい。）

◎動詞は原形（I が現在で使う形）にします。
　（am, are, is, were, was の原形は **be** です。）

■命令文　おねがいパターン
Please をつければOKです。

 Please read this book.　　　Please be quiet.
 Read this book, please.　　Be quiet, please.
 （この本を読んでください。）　（静かにしてください。）

■命令文　おさそいパターン
Let's をつければOKです。

 Let's sing together.　　　Let's be happy.
 （いっしょに歌いましょう。）　（幸せになろう。）

■命令文　否定パターン
Don't をつければOKです。
 Don't go there.　　　Don't be late.
 （そこへ行くな。）　　（おくれるな。）

> **Point** 命令文には主語がない。
> 時制は現在だけです。疑問の命令文はありません。

1ランクupの命令の文

みなさん、黒板を見なさい。
Look at the blackboard, class.

毎日英語を勉強しよう。
Let's study English every day.

どうぞその本を音読してください。
Please read the book aloud. ／ Read the book aloud, please.

通りで遊んではいけません。
Don't play on the street.

明日の朝8時にここへ来なさい。
Come here at eight tomorrow morning.

私の言うことを注意して聞きなさい。
Listen to me carefully.

いつでも遊びにいらっしゃい。
Come and see me any time.

ジム、私の質問に答えなさい。
Jim, answer me. ／ Answer me, Jim.

ベティ、外に出て遊びましょう。
Betty, let's go out and play. ／ Let's go out and play, Betty.

ここへおいで。そうすればきれいな花が見えるよ。
Come here, and you can see beautiful flowers.

十分に眠りなさい。でないと病気になるよ。
Sleep enough, or you will be ill.
Sleep enough, otherwise you will be ill.

できるだけ早くそこへ行きなさい。
Go there as soon as you can.

美しくあれ。
Be beautiful.

少年よ、大志を抱け。
Boys, be ambitious.

Stage 10 等級の文

等級の文です。2人または2つを比べて同じだと言いたいときに使う文です。では文を見てみましょう。

His hair is as long as hers.
彼の髪は彼女とおなじくらい長いです。

Ken's house is as big as Mike's.
ケンの家はマイクの家とおなじくらい大きいです。

He studied as hard as she did.
彼は彼女と同じくらい熱心に勉強しました。

She can jump as high as Bubuka.
彼女はブブカと同じくらい高く跳べます。

> **Point** 同じということは、つり合っているということなので、絵のように上皿てんびんの **as** の皿に比べるものを乗せ、目盛りのところに比べる単語（**old, tall** など）を入れてください。文の完成です。

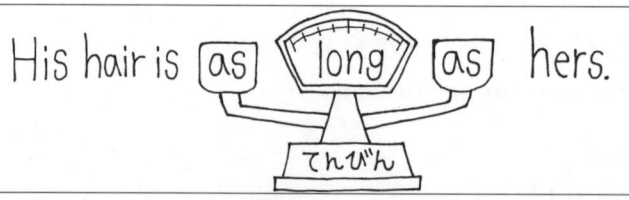

His hair is [as] long [as] hers.
てんびん

上皿てんびんの法則 〈大切〉

※同じ条件で比べるので、どちらの皿も主語から入れてください。

She　is　as　old　as　he ¦ is.　※教科書では is はカット
比べるもの　　皿　目盛り　皿　比べるもの　　　になっていますね。

(¦ の上に cut)

She is as old as he.　でき上がりです。
彼女は彼と同じ年です。

I am as tall as he.
私は彼と同じ背の高さです。

等級の否定文・疑問文

▶スキッと整理してみよう

■be 動詞の文

否定文	疑問文
She isn't as tall as he. 彼女は彼ほど背が高くないです。	Is she as tall as he? 彼女は彼と同じ背の高さですか。
She isn't as beautiful as Jane. 彼女はジェーンほど美しくないです。	Is she as beautiful as Jane? 彼女はジェーンと同じぐらい美しいですか。

■一般動詞の文

否定文	疑問文
Ken doesn't get up as early as Tom. ケンはトムほど早く起きません。	Does Ken get up as early as Tom? ケンはトムと同じぐらい早く起きますか。

■助動詞の文

否定文	疑問文
He can't run as fast as Bill. 彼はビルほど速く走れません。	Can he run as fast as Bill? 彼はビルと同じぐらい速く走れますか。

> **ちょっと聞いていい？ のコーナー**
>
> Q 否定文でどっちが速く走れるのか、どっちが速く走れないのか、わかりにくいときは、どうすればいいですか。
>
> A 中１の文の法則 を使うとすぐにわかりますよ。説明しましょう。

She isn't as beautiful as Mary.
彼女は 美しく ないです。

Gon doesn't get up as early as Yuri.
ゴンは 早く 起きません。

She can't run as fast as Ryo.
彼女は 速く 走れません。(走ることができない。)

下線部が中１の文です。
これでハッキリしましたね。

等級の文 Ⅱ

等級の文の続きです。前のページでは基本を説明しました。等級の文は年齢が2倍であるとか、他の人達と比べてという場合も表現できます。絵を見ながら説明しましょう。

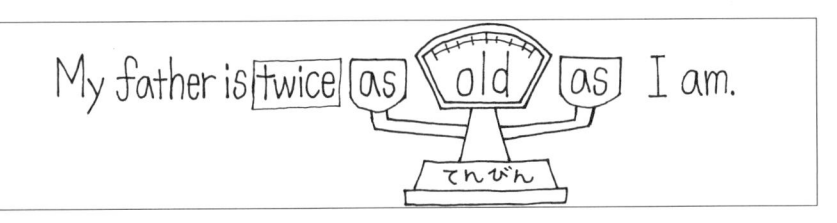

My father is twice as old as I am.
てんびん

Point □倍にすれば、つり合うということなので、絵のように上皿てんびんの左のasの皿に□倍を付け加えて、上皿てんびんの絵を作ってください。文の完成です。

上皿てんびんの法則Ⅱ 大切

私の父は私の2倍の年齢です。
My father is twice as old as I am.
比べるもの　　□倍 皿 目盛り 皿 比べるもの

私は私の父の半分の年齢です。
I am half as old as my father.

彼女は彼女の姉妹たちと同じぐらい美しいです。
She is as beautiful as her sisters.

83

重要な等級の表現

as ~ as → 主語 → can ［できるだけ~］

Speak as slowly as you can.
できるだけゆっくり話しなさい。

as ~ as … can be ［このうえなく］

I am as glad as [glad] can be.
私はこのうえなくうれしいです。

as ~ as any … ［どれ（だれ）にも劣らず~］

This pen is as good as any I have used.
このペンは今まで使ったどのペンにも劣らず良いです。

as ~ as ever ［相変わらず~、これまでにないほどの~］

She worked as hard as ever.
彼女は相変わらず一生懸命に働いた。

Yoshiki is as great a musician as ever lived.
ヨシキはこれまでにないほど偉大な音楽家だ。

not so much △ as ▲ ［△というよりはむしろ▲］

Mr.William is not so much a hunter as a knight.
ウイリアムさんは狩人というよりはむしろ騎士だ。

1 ランクupの等級の文

あなたはこの町のどの少女にも劣らず美しい。
You are as beautiful as any girl in this town.

君の車は私のものの3倍の値段がする。
Your car is three times as expensive as mine.

あの星は地球の100倍大きいです。
That star is one hundred times as big as the earth.

私はできる限り速く車を走らせました。
I drove as fast as I could.
I drove as fast as possible.

彼らはだれにも劣らずよく働きます。
They work as hard as anybody.

その婦人は相変わらずやさしかった。
The lady was as sweet as ever.

父は私より10倍多くの本を持っています。
Father has ten times as many books as I have.

彼女たちはあなた方ほど速くは走れない。
They can't run as fast as you can.

できるだけはっきりと話すようにしなさい。
Try to speak as clearly as you can.

彼はこれまでにないほど偉大な画家です。
He is as great a painter as ever lived. (an artist)

この試合は勝ったも同然です。
This game is as good as win.

その紳士は今まで存在しただれにも劣らず偉大な人だ。
The gentleman is as great a man as ever lived.

ケンはショウと背の高さがほぼ同じですが、ビルほどは高くないです。
Ken is almost as tall as Syo, but not as tall as Bill.

愛はどんなものにも劣らず美しい。
Love is as beautiful as anything else.

Stage 11　比較の文

　比較の文です。2人または2つを比べて違うと言いたいときに使う文です。では文を見てみましょう。

Ayumi is prettier than she.
アユミは彼女よりかわいいです。

This car is newer than that one.
この車はあの車より新しいです。

Nancy studied harder than Tom.
ナンシーはトムより熱心に勉強しました。

Hiroko can swim faster than she.
ヒロコは彼女より速く泳げます。

気をつけたい比較の言葉

　メアリーはジェーンより美しいです
× **Mary is beautifuler than Jane.**　　この文は間違いです。
○ **Mary is more beautiful than Jane.**　この文が正解です。

　比較では比べる言葉に er をつけて表しますが、長い言葉に er をつけると読みにくくなるので、代わりに more を比べる言葉の前につけて同じ意味を表します。目安として母音 (**a. i. u. e. o.**) が3つ以上あったら長い言葉としてください。**beautiful** は母音が5つありますね。

長い言葉
active, careful, famous, interesting, important, popular, useful など。

母音が2つでも more を使う単語
charming, clearly, quickly, slowly など。

それでは文で見てみましょう。

This book is more interesting than that one.
この本はあの本よりもおもしろいです。

She walks more slowly than I.
彼女は私よりゆっくり歩きます。

I can drive more carefully than he.
私は彼よりも注意深く車を運転できます。

比較の文 II

比較の文の続きです。前のページでは基本を説明しました。比較の文は年齢が3才年上であるとか、他の人達とくらべて年上という場合も表現できます。文を見ながら説明しましょう。

彼は私より3才年上です。
He is three years older than I.
He is three years senior to me.

年齢（□才）を比べる単語（**older**）の前に入れればでき上がりです。
※ senior to はセットです。than がないので[I]ではなく[me]を使います。

私は彼より３才年下です。（若い）
I am three years younger than he.
I am three years junior to him.

あのビルは このビルよりはるかに高いです。
That building is | much | higher than this one.
　　　　　　　　　 a lot
　　　　　　　　　 even
　　　　　　　　　 far
　　　　　　　　　 still

※ much などを使うと強調することができます。

重要な比較の表現

the ＋比較級 ～, the ＋比較級 … ［～すればするほど（ますます）…］

The more I know about the town, the more I like it.
その町について知れば知るほど、その町が好きになる。

～(all) the ＋比較級＋ for（because）… ［…なのでいっそう～］

I like him all the better for his shyness.　※ shyness（内気）
私は彼がはにかみ屋だから、かえっていっそう好きだ。

比較級＋ and ＋比較級［だんだん～、ますます～］

Our world is getting smaller and smaller.
世界はますます狭くなってきている。

no more～than … ［～でないのは…でないのと同じ］

He can no more swim than a hammer can.
彼は金づち同様に泳げない。

| no less~than … […と同じように~、…に劣らず~] |

She is no less beautiful than her sister.
彼女は姉に劣らず美しい。

| much（still）more~　肯定文を受けて［なおさら~、まして~］ |

She is beautiful, and much (still) more so in a kimono.
彼女は美しいが、着物を着るとなおさらだ。

| much（still）less~　否定文を受けて［なおさら~でない、まして~でない］ |

He can't speak English, much (still) less French.
彼は英語が話せない、フランス語はなおさらだ。

気をつけたい比較の変化（不規則な変化）

You can speak English well .　あなたは上手に英語を話せる。
　　　　　　　　　　　　↓
You can speak English better than I.
　　　　　　　　　　　　　　あなたは私より上手に英語を話せる。

This car is good .　　　　　　　　　　　この車は良いです。
　　　　　　↓
This car is better than that one. この車はあの車より良いです。

Point good, well の比較級は **better** です。
　　　　×**gooder**, ×**weller** ではありません。気をつけてください。

betterの他にも不規則な変化をする比較級をいくつか紹介しておきましょう。

意 味	原 級		比較級
良い	good	→	better
良く、上手に	well	→	better
悪い	bad	→	worse
病気の	ill	→	worse
多数の	many	→	more
多量の	much	→	more
少量の	little	→	less
年上（年代、年齢）	old	→	older
年上（血縁関係）	old	→	elder
遅い（時間）	late	→	later
後の（順序）	late	→	latter
遠い（距離）	far	→	farther
いっそう（程度）	far	→	further

※この表のmoreは長い単語の前につける、あのmoreではありません。

1 ランクupの比較の文

彼は彼の父親よりも活動的です。
He is more active than his father.

その考えは彼女の考えよりも悪いです。
The idea is worse than her idea.

彼の妹は賢いというよりむしろ利口だ。
His sister is more clever than wise.

和歌山より北海道のほうがずっと寒いです。
It is much colder in Hokkaido than in Wakayama.

日ごとにだんだん暖かくなっています。
It is getting warmer and warmer day by day.

彼は英会話では彼女に劣っている。
He is inferior to her in English conversation.

彼は商売では私より上だ。(私よりもすぐれている)
He is superior to me in business.

トムは2人のうちで背の高いほうです。
Tom is the taller of the two.

私たちは同じまちがいをするほど愚かではありません。
We know better than to make the same mistake.

東京の人口はニューヨークより多いです。
The population of Tokyo is larger than that of New York.

私の妹は私より5才年下です。
My sister is five years younger than I.
My sister is five years junior to me.

私は家の中にいるよりむしろ出かけたい。
I would rather go out than stay indoors.

早ければ早いほど良い。多ければ多いほど良い。
The sooner, the better. The more, the better.

時間ほど貴重なものはない。
Nothing is more precious than time.

Stage 12 最上級の文

　最上級の文です。比較が2人（2つ）を比べるのに対し、最上級は3人以上（3つ以上）の時に使います。だれが（どれが）一番かを言いたい時に使う文です。では文を見てみましょう。

He is the oldest of the five.
彼は5人の中で一番年上です。

I can swim（the）fastest of the six.
私は6人の中で一番速く泳げます。

Ann came here（the）latest of all.
アンはみんなの中で一番おそくここへ来ました。

> **Point**　最上級は一番だと言いたい言葉に**est**をつけますが不十分です。もっと目立つように**the**をその言葉の前に入れます。
> ※一般動詞のある文は**the**を省いても**OK**です。

比較の文　　I am old.
最上級の文　I am the oldest.
　　　　　　↓
　　　　　一目で最上級とわかるでしょう。

重要な最上級の表現

even（〜さえも、〜でも）の意味を含む最上級

Even the richest man in the world can't buy love.
世界一の金持ちでも愛は買えない。

theのつかないmostが[（＝very）とても〜、たいていの〜]意味を持つ場合

Most young men like this type of music.
たいていの若者はこの種の音楽が好きだ。

best, worst, most, leastを用いたいろんな表現	
at (the) best せいぜい	at (the) worst 最悪の場合でも
at (the) most せいぜい	make the most of〜 〜を最大限に利用する
at least 少なくとも	make the best of〜 〜を最大限に活用する
at one's best 〜の最良の状態で	※（困難な状況を）
	not in the least まったく〜ない

At the worst your lives will be safe.
最悪の場合でも、君たちの命は安全だろう。

The cherry blossoms in the park were at their best.
公園の桜は満開だった。（桜の最高の状態だった）

最上級のofとinの使い分けについて少しふれておきましょう。

数が入るときはof	例：of the five ※of all [allは複数です]
数が入らない時はin	例：in her class, in my family

[3人の中で］と言うときは of the three となります。

※ of all（すべての中で）に the がないのは、すべてというのは1つしかないかたまりだからです。

最上級も長い言葉は比較と同じ

Point 長い言葉（母音が3つ以上が目安）の最上級の文は the ～ est の代わりに the most ～を使います。
most の st は est の st と覚えましょう。

この本はすべての中で一番おもしろいです。
This book is the most interesting of all.
　　　　　　　　　(exciting)

ジュディーは彼女たちすべての中で一番速く走った。
Judy ran（the）most quickly of them all.

私の兄は家族のなかで一番たやすくその仕事を終えました。
My elder brother finished the job（the）most easily in my family.

彼女はクラスの中で一番人気があります。
× **She is the popularest in her class.** は間違いです。
○ **She is the most popular in her class.** が正解です。

最上級の肯定文

▶スキッと整理してみよう

be動詞の文	Mike is the tallest of the seven. マイクは7人の中で一番背が高いです。 Rika is the most beautiful in her class. リカは彼女のクラスの中で一番美しいです。
一般動詞の文	Mother gets up (the) earliest in his family. 母は家族の中で一番早く起きます。
助動詞の文	Bob can run (the) fastest of the five. ボブは5人の中で一番速く走れます。

最上級の否定文

▶スキッと整理してみよう

be動詞の文	He isn't the tallest of the five. 彼は5人の中で一番の背の高さではありません。 Jane isn't the most beautiful in her class. ジェーンは彼女のクラスの中で一番の美しさではない。
一般動詞の文	Asao doesn't get up (the) earliest in his family. アサオは彼の家族の中で一番早く起きはしません。
助動詞の文	She can't run (the) fastest of the six. 彼女は6人の中で一番速く走ることはできない。

最上級の疑問文

▶スキッと整理してみよう

be動詞の文	Is she the tallest of the eight? 彼女は8人の中で一番背が高いですか。 Is Mirai the most beautiful in her class? ミライは彼女のクラスの中で一番美しいですか。
一般動詞の文	Does John get up (the) earliest in his family? ジョンは彼の家族の中で一番早く起きますか。
助動詞の文	Can Syo swim (the) fastest of the five? ショウは5人の中で一番速く泳げますか。

気をつけたい最上級の文 [good, well]

You can speak French well .　あなたは上手にフランス語を話せる。
　　　　　　　　　　　↓
You can speak French (the) best .
　　　　　　　　　　　　　　　あなたは一番上手にフランス語を話せる。

This car is good .　この車は良いです。
　　　　　　↓
This car is the best of the twenty.
　　　　　　　　　　　　この車は20台の中で一番良いです。

Point　 good / well の最上級は best です。the best と覚えるほうがいいですよ。

97

○ She is the youngest. ×She is youngest.
※be動詞の最上級の文でtheを書き忘れるとバツですよ。
× goodest, wellestは間違いです。気をつけてね。

1ランクupの最上級の文

東京は世界で最も大きな都市の一つです。
Tokyo is one of the biggest cities in the world.

シカゴは合衆国第2位の都市です。
Chicago is the second largest city in the States.

彼は世界中で最も有名な科学者です。
He is the most famous scientist in the world.

旅行がすべてのうちでもっとも楽しい。
Traveling is the most pleasant of all.

ツバメはすべての鳥の中でもっとも速く飛ぶ事ができます。
A swallow can fly (the) fastest of all the birds.

淡路は日本で一番大きい島です。
Awaji is the biggest island in Japan.

彼の考えは10人の中で一番良いです。
His idea is the best of the ten.

あなたはクラスの中で一番ほがらかな少女です。
You are the most cheerful girl in your class.

彼は決して盗みをするような人ではない。
He is the last man to steal.

彼はその意味を一番はっきりと説明しました。
He explained the meaning most clearly.

どんな賢い人でも何でも知っているとは限らない。
The wisest man doesn't know everything.

彼女はクラスの中でずば抜けて一生懸命勉強する。
She studies by far the hardest in the class.

とても楽しい夜でした。
It has been a most entertaining evening.　※entertaining 楽しい

あらゆる機会を最大限に利用しなければならない。
You must make the most of every opportunity.

これは私が今までに読んだ中で一番おもしろかった本の一冊です。
This is one of the most interesting books that I've ever read.

等級、比較、最上級で表現できる文

　最上級の表す意味は比較級・等級を用いても表すことができます。いくつか紹介しておきましょう。

シドニーはオーストラリア最大の都市です。
【等級】　No (other) city in Australia is as large as Sydney. 　　　　オーストラリアのどんな都市もシドニーほど大きくないです。
【比較】　Sydney is larger than any other city in Australia. 　　　　シドニーはオーストラリアの他の都市よりも大きいです。
【最上級】Sydney is the largest city in Australia. 　　　　シドニーはオーストラリアで一番大きな都市です。

エベレスト山は世界一高い山です。

【等級】　No (other) mountain in the world is as high as Mt. Everest.
【比較】　Mt. Everest is higher than any other mountain in the world.
【最上級】Mt. Everest is the highest mountain in the world.

アメリカ合衆国は日本の約25倍の広さです。

【等級】　The United States is about twenty-five times as large as Japan.
【比較】　The United States is about twenty-five times larger than Japan.
【最上級】The United States is about twenty-five times the size of Japan.

私たちはこんなに大きな地震を経験したことがありません。

【等級】　We have never experienced as big an earthquake as this.
【比較】　We have never experienced a bigger earthquake than this.
【最上級】This is the biggest earthquake we have ever experienced.

これは私が今までに見た中で一番長い橋です。

【等級】　I have never seen such a long bridge as this.
【比較】　I have never seen a longer bridge than this.
【最上級】This is the longest bridge that I have ever seen.

Stage 13 感嘆文

ちょっと聞いていい？ のコーナー

Q 感嘆文ってどんな文ですか？ いろいろ種類があるんですか？

A 感心したり感動したりした時に使う文です。2種類ありますが簡単な文なので覚えてくださいね。説明していきましょう。

感嘆文の作り方

文の中で一番言いたい言葉に_____線を引きます。
_____線が1ヵ所ならHow、2ヵ所以上ならWhatを、英文のはじめに使います。

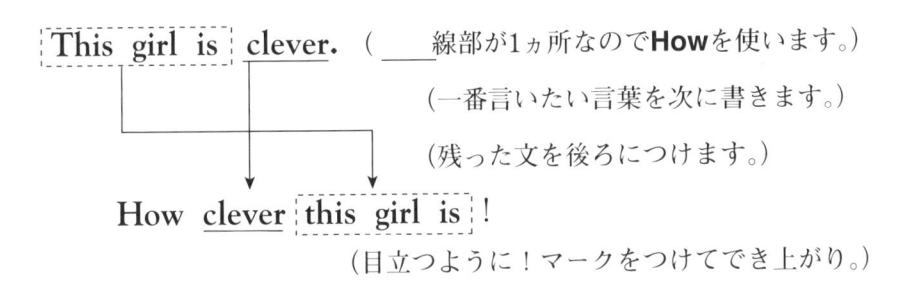

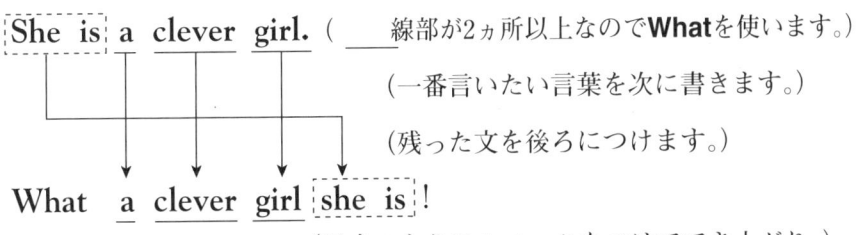

This girl is clever. (　　線部が1ヵ所なのでHowを使います。)
(一番言いたい言葉を次に書きます。)
(残った文を後ろにつけます。)

How clever this girl is !
(目立つように！マークをつけてでき上がり。)

She is a clever girl. (　　線部が2ヵ所以上なのでWhatを使います。)
(一番言いたい言葉を次に書きます。)
(残った文を後ろにつけます。)

What a clever girl she is !
(目立つように！マークをつけてでき上がり。)

▶スキッと整理してみよう

感嘆文は簡単の法則 　大切

一番言いたい言葉	1つ	How ＋ 言いたい言葉 ＋ 残りの言葉 ＋ ！
	2つ以上	What ＋ 言いたい言葉 ＋ 残りの言葉 ＋ ！

複数形の感嘆文

Those boys are kind.
↓
How kind those boys are !　　でき上がりです。

They are kind boys.
↓
What kind boys they are !　　でき上がりです。

● **very**のつく文を感嘆文にするときの注意点

Mika is very pretty.
↓
How pretty Mika is !

> **very**は外して考えてください。
> **very**(とても)が **How** や **What**
> (なんて)に変わるからです。

Mika is a very pretty girl.
↓
What a pretty girl Mika is !　　でき上がりです。

感嘆文の英作

あの少年はなんて正直なんでしょう。

　　　　　　　　　　　　　　「なんて」を外すと普通の文ができます。

あの少年は正直なんでしょう。　❏［正直です］と考える。

　　　　　　　　　　　　　　この文を英作します。

That boy is honest.

　　　　　　　　　　　　感嘆文は簡単の法則　で英作

How honest that boy is!　　でき上がりです。

彼女はなんて正直な少女なんでしょう。

彼女は正直な少女なんでしょう。

She is an honest girl.

　　　　　　　　　　　感嘆文は簡単の法則

What an honest girl she is!　でき上がりです。

Stage 14 強調

ちょっと聞いていい？　のコーナー

Q 文の強調というのがわかりにくいんですが…。very を使うのは知ってますけど、英文法だと大きな声も出せないし…。

A そうですね、声は出せませんね。でも言いたいことを前にもってくることはできますよ。強調する方法をいくつか説明しましょう。

では次の文を部分的に強調してみましょう。

私の娘は先週の土曜日図書館に行きました。
My daughter went to the library last Saturday.
　　　①　　　　　　　　　②　　　　　　③

It ｜《be》｜ の後 ｜言いたい言葉｜ that でつないで ｜残りの言葉｜

①**It was my daughter that went to the library last Saturday.**
　　　　　　　　　　　　　　　　　　　　　　　　　でき上がり
　先週の土曜日に図書館に行ったのは私の娘でした。

②**It was to the library that my daughter went last Saturday.**
　　　　　　　　　　　　　　　　　　　　　　　　　でき上がり
　私の娘が先週の土曜日に行ったのは図書館でした。

③**It was last Saturday that my daughter went to the library.**
　　　　　　　　　　　　　　　　　　　　　　　　　でき上がり
　私の娘が図書館に行ったのは先週の土曜日でした。

◎疑問詞の強調

`on earth` や `in the world` などを用いても強調できます。

いったい君はここで何をしているんだ。
What `on earth` are you doing here?
What `in the world` are you doing here?

◎否定の意味の強調

`not 〜 at all` を用いても強調できます。

私は彼らの言うことがまったくわからない。
I don't understand them at all.

◎くりかえしによる強調

同じ言葉をくりかえしても強調できます。

メロスは夕日に向かって走りに走った。
Merosu ran and ran to the setting sun.（evening sun）

1 ランク up の強調の文

参考文　私は昨日、関西国際空港でジェーンに会いました。
I met Jane at Kansai International Airport yesterday.

強調の文

昨日、関西国際空港でジェーンに会ったのは私でした。
It was I that met Jane at Kansai International Airport yesterday.

私が昨日、関西国際空港で会ったのはジェーンでした。
It was Jane that I met at Kansai International Airport yesterday.

私が関西国際空港でジェーンに会ったのは昨日でした。
It was yesterday that I met Jane at Kansai International Airport.

私が彼女を初めて見たのはこの駅でした。
It was at this station that I saw her for the first time.

父（私の）が私にくれたのはこの古い辞書だ。
It was this old dictionary that my father gave me.

彼がまた彼女に会ったのはハワイでだった。
It was in Hawaii that he met her again.

いったい君たちはあそこで何をしていたんだ。
What on earth were you doing there?

僕は君の言うことが全然わからない。
I don't understand you at all.

その若者たちはゴールに向かって走りに走った。
The young men ran and ran to the goal.

まちがっているのは私です。まちがっているのは彼です。
It is I that am wrong.   It is he that is wrong.

Stage 15 助動詞

ちょっと聞いていい？のコーナー

Q 助動詞ってどんな言葉ですか？ どんな時に使うんですか？

A 肯定文や否定文では表せない表現や、肯定文と否定文の間を表す時などに使う言葉です。助動詞を使うといろんな表現ができるんですよ。

たとえば、
① [私は医者になるつもりです。]　② [私は医者になってもいいです。] などは

肯定文の	I become a doctor.（私は医者になります。）
否定文の	I don't become a doctor.（私は医者にはなりません。）

では表せません。このような時に助けてくれるのが助動詞です。

【一般動詞の文＋助動詞】

　　I must become a doctor.　（私は医者にならなければならない。）
①I will become a doctor.　（私は医者になるつもりです。）
②I may become a doctor.　（私は医者になってもいい。）
　　I can't become a doctor.　（私は医者になることができない。）

この通りOKです。※医者は[毒トル]仕事。スペリングの終わりはdoctor。

また、
① [彼は医者に違いない。]　② [彼は医者かもしれない。] これらも

肯定文の	He is a doctor.（彼は医者です。）
否定文の	He isn't a doctor.（彼は医者ではありません。）

では表せません。助動詞を使ってみると、

【be動詞の文＋助動詞】
　①He must be a doctor.　　（彼は医者に違いない。）
　　He will be a doctor.　　（彼は医者でしょう。）
　②He may be a doctor.　　（彼は医者かも知れない。）
　　He can't be a doctor.　　（彼は医者のはずがない。）
この通りOKです。とても便利ですね。

助動詞のきまり

助動詞の位置は主語の次、動詞の前に入ります。
助動詞の文では動詞は必ず原形（Ｉが現在で使う形）です。
助動詞は一般動詞、be動詞どちらの文にも使います。

	一般動詞の文	be動詞の文
普通の文 ↓ 助動詞が入った文	He plays baseball. ↓ 助動詞 He will play baseball. 動詞は原形	She is a nurse. ↓ 助動詞 She will be a nurse. 動詞は原形

まずはこの4つの助動詞を覚えよう。　must will may can

肯定文の助動詞の訳し方

主語	一般動詞の場合	be動詞の場合
＋must	〜しなければならない	〜違いない
＋will	〜するつもりだ　〜予定だ	〜でしょう
＋may	〜してもいい	〜かもしれない
＋can	〜することができる	〜はずだ

ちょっと聞いていい？のコーナー

Q 助動詞は、一般動詞の文に入れるのとbe動詞の文に入れるのとでは、訳し方が違うんですね。何かいい覚え方はないですか？

A 訳し方は違いますが、同じ助動詞を使っているので文の重要度は似てるんですよ。mustとmayではmayのほうが軽い感じがして、must beとmay beでも、may beの方が軽い感じがする。ここまではOKですね。そこで次のような覚え方が可能になってきます。

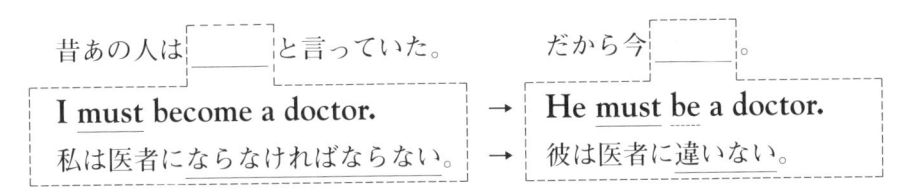

昔あの人は ____ と言っていた。　　だから今 ____ 。

I must become a doctor. → **He must be a doctor.**

私は医者にならなければならない。 → 彼は医者に違いない。

同じようにして、 will→will be , may→may be , can't→can't be も覚えれば楽だと思いますが、いかがでしょうか。

その他の助動詞

| had better　～する方が良い |

You had better go home.

あなたは家に帰った方が良い。

| would　よく～したものだ |

I would often go fishing.

私はよくつりに行ったものです。

| would rather　むしろ〜したい |

I would rather stay (at) home.
私はむしろ家にいたい。

| would like to　〜したい |

I would like to eat it.
私はそれを食べたい。

| should　〜すべきだ |

You should learn English.
あなたは英語を学ぶべきだ。

| ought to　〜すべきだ、〜するはずだ |

We ought to love our neighbors.
私たちは隣人を愛すべきだ。

| used to　よく〜したものだ |

I used to go skiing.
私はよくスキーに行ったものだ。

助動詞＋完了形

助動詞を完了形の文に入れると、過去の事柄について現在の時点から考えたり思ったりしたことを表す文がつくれます。

must	→have＋過去分詞→	〜したに違いない
may	〃	〜したのかもしれない
cannot	〃	〜したはずがない
need not	〃	〜する必要はなかった
ought to	〃	〜すべきだった
(should)	〃	〜すべきだった
ought not to	〃	〜すべきではなかった
(should not)	〃	〜すべきではなかった

> must＋完了形　〜したに違いない

He must have known the fact.
彼はその事実を知っていたに違いない。

> may＋完了形　〜したのかもしれない

Jane may have been sick at the party.
ジェーンはそのパーティーで気分が悪かったのかもしれない。

> cannot＋完了形　〜したはずがない

Father cannot have lost his way.
私の父が道に迷ったはずがない。

| need not ＋完了形　～する必要などなかった |

You need not have paid money.
君はお金を払う必要などなかったのだ。

| ought to ＋完了形　すべきだった |

We ought to have finished the work.
私たちはその仕事を終わらせるべきだった。

| should ＋完了形　すべきだった |

You should have seen the film.
あなたはその映画を見るべきだった。※実際は見なかった

| ought not to ＋完了形　すべきではなかった |

He ought not to have met her.
彼は彼女と会うべきではなかった。

| should not ＋完了形　すべきではなかった |

She shouldn't have taken him out to lunch.
彼女は彼を昼食に連れ出すべきではなかった。

助動詞の現在と過去

助動詞によって現在と過去の両方あるもの、また現在だけのもの、過去だけのものがあるので整理しておきましょう。

現　在	過　去	現　在	過　去
will	would	must	
shall	should	ought to	
can	could	need	
may	might	dare	dared
do, does	did		used to

※助動詞の do, does は［本当に］という意味があります。

いくつか文を紹介しておきましょう。

The woman does take good care of the orphans.
その女の人は孤児たちの世話を本当によくします。

The boy did come to see me.
その少年はたしかに私に会いに来ました。

助動詞の短縮形

ここでは助動詞の短縮形を8つ紹介しておきます。おわかりとは思いますが、今一度確認しておきましょう。

can not → can't	could not → couldn't
might not → mightn't	must not → mustn't
need not → needn't	will not → won't
would not → wouldn't	should not → shouldn't

助動詞を使った丁寧な表現

Will you open the window?　　は［窓を開けてくれませんか］
　　⇩　　　　　　　　　　　という意味ですが、助動詞の **Will**
　　　　　　　　　　　　　　を **Would** にかえるだけで…

Would you open the window?　［窓を開けていただけますか］
　　　　　　　　　　　　　　という丁寧な表現にかえること
　　　　　　　　　　　　　　ができます。

同じように Can you ～？ してくれますか を

　　　　　 Could you ～？ していただけますか に

　　　　　　　　　　　　　かえた場合も丁寧な表現になります。

May I close the window?　　は［窓を閉めてもいいですか］
　　　　　　　　　　　　　という意味ですが、
　　　　　　　　　　　　　助動詞の **May** を **Might** や
　　　　　　　　　　　　　Could にかえるだけで…

Might I close the window?　［窓を閉めさせていただいてもよろ
　　　　　　　　　　　　　しいですか］という丁寧な表現にか
Could I close the window?　えることができます。

※ Would, Might, Could を疑問文にしようとする時の時制は○現在です。丁寧な表現をするのが重要目的。この場合、時制を×過去にしないように。

◎感情や是非の判断をする時に用いられる言葉

（thatでつなぐ文の中で使われる）

It is surprising that she (should) say so.　彼女がそう言うとは驚きです。

他にもいくつか紹介しておきましょう。

a pity	necessary	right	strange	surprising	wrong
残念なこと	必要な	正しい	不思議な	驚くべき	間違った

◎提案や要求や命令などをする時に用いられる言葉

（thatでつなぐ文の中で使われる）

My friend suggested that I (should) take a good rest.
友だちは私に、十分な休養をとるべきだと言った。

他にもいくつか紹介しておきましょう。

decide	demand	insist	order	propose	suggest
決定する	要求する	主張する	命令する	提案する	示唆する、暗示する

1 ランクupの助動詞の文

入る前にドアをノックしなければならない。
You must knock at the door before you come in.

彼は50才をこえているにちがいない。
He must be over fifty.

大都会では事故がよくおこるものだ。
Accidents will happen in a big city.

この窓はなかなか閉まろうとしない。（どうしても閉まらない）
This window will not shut.

彼女が驚くのは当然だ。(あたりまえだ)
She may well get surprised.

そのうわさは本当かもしれないし、そうでないかもしれない。本当であるはずがない。
The rumor may or may not be true.　It cannot be true.

あなたは馬を水のところへ連れて行けますが、水を飲ませることはできない。
You can take a horse to the water, but you cannot make him drink.

私のいとこは、よく日曜日の午後に私のところへ遊びに来たものだ。
My cousin would often come to see me on Sunday afternoon.

こんな雨の日に外出するくらいなら、家にいたほうがいい。
I would rather stay (at) home than go out on such a rainy.

コンピューターの使い方を学びたいものだ。
I would like to learn how to use a computer.

あなたのお父さんはその事実を知っていたに違いない。
Your father must have known the fact.

彼は昨夜とても疲れていたに違いない。
He must have been very tired last night.

彼女があなたにいたずらしたはずがない。
She cannot have played a trick on you.

君は僕とそこへ行く必要はない。
You need not go there with me.

父は（私の）もうそこに着いているはずだ。
Father ought to have arrived there by this time.

あなたはもっと注意すべきだったのに。
You should have been more careful.

同じ意味を表す言葉

I must come home by seven.
I have to come home by seven.
私は7時までに帰らなければならない。

Ken must support his family.
Ken has to support his family
ケンは自分の家族を支えなければならない。

I will do my best.
I am going to do my best.
私はがんばるつもりです。

She will repent it.
She is going to repent it.
彼女はそれを後悔するだろう。

We can answer the question.
We are able to answer the question. 　現在
私たちはその質問に答えることができます。

We were able to answer the question. 　過去
私たちはその質問に答えることができました。

We will be able to answer the question. 　未来
私たちはその質問に答えることができるでしょう。

※have to も had to にかえると過去形の文になります。
We had to keep quiet at that time.　　　過去
私たちはその時、黙っていなければならなかった。

He was going to do his best.　　　過去
彼はがんばるつもりだった。

助動詞は続けて使えない

あなたは鈴木さんを駅まで迎えに行かねばならないでしょう。
○ You will have to meet Mr.Suzuki at the station.
× will must ～はまちがい。

彼女は上手に歌えるようになるでしょう。
○ She will be able to sing well.
× will can ～はまちがい。

以上のように助動詞を続けないように気をつけてくださいね。

Stage 16 接続詞

ここでは接続詞をチェックしておきましょう。文と文をつなぐ言葉です。いろいろありますが、一つずつ押さえていけばむずかしくはないので、安心してください。

まずはand, or, butからはじめましょう。

and（～と、そして～）

彼女は日本語と中国語と英語を話すことができます。
She can speak Japanese, Chinese and English.

> ※[～と～と]が続く場合[and]のかわりに[,]を使い最後の手前に[and]を使う。

Bread and butter is my favorite breakfast.
バターをつけたパンは私のお気に入りの朝食です。

but（～だが、しかし～）

This car is small but very useful.
この車は小さいが、とても役にたちます。

Jeanne stood up with a smile but with tears in her eyes.
ジャンヌはにっこりとして、だが目に涙をうかべて立ち上がった。

or（～かまたは……、～それとも）

Is your new baby a boy or a girl?
今度生まれた赤ちゃんは男の子それとも女の子？

Did you come here by bus or by subway?
あなたはここへバスで来たの、それとも地下鉄で来たの？

接続詞が違うと当然文の意味も違ってきます。次の2文は必修です。

Hurry up, and you will catch the bus.
急ぎなさい。そうすればバスに乗れますよ。

Hurry up, or you will miss the last train.
急ぎなさい。そうしないと最終電車に乗りそこなうよ。

so（それで〜、だから）

The boy was very tired, so he soon fell asleep.
その少年はとても疲れていた。それですぐに眠ってしまった。

for（というのは〜）

He didn't come, for he was ill.
彼は来なかった。というのは、病気だったから。

ちょっと聞いていい？のコーナー

Q 先ほどforという接続詞を習いましたが、becauseとはどうちがうんですか？

A いい質問です。becauseは「なぜなら〜」と理由を初めから直接意図して使われます。それに対しforは「というのは〜」と後から補足的な説明を付け加える時に使われます。

---

because（〜なので、なぜなら〜、〜だから）

I don't eat any sweets because I am on a diet.
私はダイエット中なので甘いものは食べません。

Because the river rose, the bridge was washed away.
川が増水したために、橋は流されました。

Point 接続詞を前に出した場合、ここまでが前に出した文、という印として [,] を必ず打つように。

since（～だから、～である以上）

Since you say so, it must be true.
あなたがそう言うからには、それは真実に違いない。

if（～なら）

If it snows tomorrow, I will go skiing.
明日雪が降れば、私はスキーに行きます。

unless（もし～でないなら）

He always walked unless he was in a hurry.
彼は急いでいない時はいつも歩いた。

as(so) long as ～（～する限りは）

You can stay here as(so) long as you keep quiet.
静かにしてさえいれば、ここにいてもよろしい。

Though [Although]（～だけれども）

Though I don't like the medicine, I take it.
私はその薬は好きではないが飲んでいる。

Even if [Even though]（たとえ～としても）

Even if I offer her a reward, she will not accept it.
たとえ私が彼女に報酬をさしだしても、彼女はそれを受け取らないだろう。

| whether ～ or … （～であろうと…であろうと） |

My brother goes to play soccer whether it rains or snows.
兄（私の）は雨が降ろうが雪が降ろうがサッカーをしに行く。

| No matter ＋疑問詞 （どんなに～でも） |

No matter how fast you run, you will not catch up with that dog.
どんなに速く走っても、君はあの犬には追いつかないだろう。

| so[such]～that （非常に～なので…） |

They speak so quickly that I cannot understand them.
彼らはあまりに速く話すので、私は彼らの言うことがわからない。

| so that ～ can[may,will] （～ができるように） |

Many people work so that they can earn a living.
多くの人々は生活のかてを得るために働く。

| when （～する時） |

I saw the British Museum when I visited London.
ロンドンを訪れた時、私は大英博物館を見ました。

| while （～する間に） |

I sat silent while she was speaking.
彼女が話している間、私は黙って座っていた。

> till[until]（～するまで）

Will you wait here till he comes?
彼が来るまでここで待ってくれませんか？

> after（～の後で、～の後に）

I was born after World War Ⅱ finished.
第2次世界大戦が終わった後に私は生まれた。

> before（～する前に、～しないうちに）

Come home before it gets dark.
暗くならないうちに、家に帰って来なさい。

> as soon as ～（～するやいなや）

As soon as the boys saw me, they ran away.
その少年たちは私を見るとすぐに逃げた。

さあいよいよ接続詞のthatの登場です。意味は［～ということ］です。わりと簡単な接続詞だと思いますが、使われることが多い品詞なので、もう少し説明をしておきましょう。

接続詞のthatは動詞との組み合わせで使われることが多く、それによって訳し方も変わってくるので、組み合わせで覚えるほうが良いでしょう。

動詞	接続詞	意味（訳し方）
①think	that～	～だと思う（単純に思う）
②hope	that～	～ならいいと思う（望ましいことを期待する）
③I'm afraid that～		～心配する〈望ましくないときに使う〉

① | think that ~ (~だと思う) |

I think that Mr.Sato will come soon.
私は佐藤さんはすぐに来ると思います。

② | hope that ~ (~ならいいと思う) |

I hope that she will come soon.
私は彼女がくればいいなと思います。

③ | I'm afraid that ~ (~心配する) |

I'm afraid that she won't come.
私は彼女が来ないのではないかと心配です。

もう少し紹介しておきます。

動詞	接続詞	意味（訳し方）
say	that ~	~だと言う
hear	that ~	~ということを聞く
believe	that ~	~ということを信じる
know	that ~	~ということを知っている

| say that ~ (~だと言う) |

He says that we can use this room.
彼は私たちがこの部屋を使えると言っている。

| hear that ~ (~だということを聞く) |

I hear that she can speak English very well.
私は彼女がとても上手に英語を話せると聞いています。

believe that ～（～ということを信じる）

I believe that you can do it.
私は君ならできると信じています。

know that ～（～ということを知っている）

I know that he is a lawyer.
私は彼が弁護士だということを知っている。

Point 接続詞 that は省略することができる。省略されることも多い。
他の接続詞は省略できないが、前にもっていくことができる。

次に大切な文を3つ紹介しますので、文でその意味をつかんでくださいね。

Both you and I are right.	あなたも私も両方とも正しいです。
Either you or I am right.	あなたか私かどちらかが正しいです。
Not only you but also I am right.	あなただけでなく私も正しいです。

○I think that he is right.　　　私は彼は正しいと思います。

○I thought that he was right.　私は彼は正しいと思いました。

Point 接続詞の入る文は時制（時代）を合わせてください。
始めの動詞が［過去］なら、後の動詞も迷わず［過去］と覚えましょう。

私は彼は正しいと思いました。　×I thought that he is right.
※念のために書きました。英作する時はくれぐれもご注意を！

125

Stage 17 不定詞

さあ、不定詞の出番です［to不定詞］とも呼ばれています。まず、不定詞と前置詞の区別をしておきましょう。

山本さんは友人を見送りに（見送るために）空港へ行きました。
Mr. Yamamoto went to the airport **to** see **his friend off.**

to＋**動詞の原形**が不定詞です。上の文では［to see］が不定詞です。
to＋**名詞**のtoは前置詞です。［to the airport］のtoは前置詞です。

ちょっと聞いていい？のコーナー

Q 不定詞はいろんな用法があって覚えにくく、英作もしにくいんですが、いい覚え方はないですか？

A 用法は、この後説明していきましょう。不定詞をわかりにくくしているのは次の章に出てくる動名詞との関係でしょう。不定詞のみに使われる言葉を整理するのが近道ですね。用法がわからなくても英作はできますよ。やってみましょう。

私の父は 写真を とる ことが 好きです。
　①　　　④　　　③　　　　②
Father likes to take pictures.
　①　　　②　　③　　④

私は 2度と 同じ間違いを しないと 決心した。
　①　　⑤　　　④　　　　③　　　②
I decided never to make the same mistake again.
①　　②　　　③　　　　④　　　　⑤

```
彼は 住む 家を 探しています。
 ①   ④  ③     ②
He is looking for a house to live in.
 ①     ②         ③      ④
```

不定詞の名詞的用法

ここでは不定詞の［名詞的用法］を簡単に説明しておきましょう。

I want to go somewhere on a trip.　　［名詞的用法］
私はどこかへ旅行したい。

To walk is good for the health.　　［名詞的用法］
歩くことは健康に良い。

Point　名詞的用法は［〜すること］と訳せば意味が通ります。（用法の確認時）
ただし和訳するときは下記のように日本語らしさを心がけましょう。
　　want to 〜　　［〜することを欲する］→［〜したがる］
　　forget to 〜　［〜することを忘れる］→［〜し忘れる］

名詞的用法の文をいくつか紹介しておきましょう。

I hope to see her again.
私はまた彼女に会えれば良いと思います。

The boy's dream is to travel all over the world.
その少年の夢は世界中を旅行することです。

The girl's dream was to be a great singer.
その少女の夢は偉大な歌手になることでした。

The children forgot to brush their teeth last night.
その子供たちは昨夜歯を磨くのを忘れました。

His plan was to go to Tokyo first.
彼の計画はまず上京することだった。

The old man's wish was to live in peace.
その老人の願いは平穏に暮らすことでした。

To master a foreign language is not easy.
※ It is not easy to master a foreign language.

※（普通はこう書きます）

外国語を習得することは簡単ではない。

不定詞の副詞的用法

ここでは不定詞の［副詞的用法］を簡単に説明しておきましょう。

He was surprised to hear the news. ［副詞的用法］
彼はその知らせを聞いて驚いた。

I used the computer to draw this plan. ［副詞的用法］
私はこの設計図を描くためにそのコンピューターを使った。

Point 副詞的用法は［〜して（原因）、〜するために（目的）、〜するとは（理由）、〜してその結果（結果）、もし〜すると（条件）］と訳せば意味が通ります。

副詞的用法の文をいくつか紹介しておきましょう。

The girl grew up to be a great pianist.
その少女は大きくなって（成長して）偉大なピアニストになった。

He went to the bookstore to buy the comic magazine.
彼は漫画雑誌を買いに（買うために）書店へ行った。

He will be happy to hear from you.
あなたから便りをもらったら彼は喜ぶことでしょう。

He must be crazy to do such a thing.
そんなことをするとは、ヤツ（彼）は気が狂っているに違いない。

This river is dangerous to swim in.
この川は泳ぐのは危険です。

To hear her play the violin, you will admire her.
彼女がバイオリンを弾くのを聞けば、あなたは感心するでしょう。

He is old enough to understand the meaning.
彼はその意味がわかるくらい、もう大人になっている。

不定詞の形容詞的用法

ここでは不定詞の［形容詞的用法］を簡単に説明しておきましょう。

You have many good friends to help you.　　［形容詞的用法］
あなたには助けてくれる多くの立派な友人がある。（もっている）

Please give me something cold to drink.　　［形容詞的用法］
どうぞ（私に）何か冷たい飲み物をください。

> **Point**
> 形容詞的用法は［～するための］と訳せば意味が通ります。（用法の確認時）
> 形容詞的用法の不定詞は、前にある名詞を説明（修飾）する。

形容詞的用法の文をいくつか紹介しておきましょう。

She wants a chair to sit on.
彼女は座る（座るための）いすをほしがっている。

I have a lot of work to do today.
今日、私はすることがいっぱいある。

The girl has no friend to play with.
その少女は一緒に遊ぶ友達がいません。

The man made a promise to come again.
その男の人はまた来るという約束をしました。

I don't trust his promise to come for a visit.
私は訪ねてくるという彼の約束をあてにしていない。

She has two children to take care of.
彼女には世話をしなければならない子供が2人います。

She has two children to take care of her.
彼女には（彼女を）世話をしてくれる子供が2人います。

疑問詞が入る不定詞の文

ここでは疑問詞を使った不定詞の文を簡単に説明しておきましょう。その前に次の5つは押さえてくださいね。

what to～	何を～したらよいか	when to～	いつ～したらよいか
where to～	どこへ～したらよいか	which to～	どれを～したらよいか
how to～	どのように～したらよいか　～のしかた		

いくつか文を紹介しましょう。

I didn't know what to do.
私は何をすればいいのかわからなかった。

Please say when to stop.
いつやめたらよいか言ってください。

Do you know where to go to borrow books?
本を借りるにはどこへ行けばよいか知っていますか。

He didn't know which way to take.
どの道を行けばよいか彼にはわかりませんでした。

Tell me how to use this machine.
この機械の使い方を教えてください。

I want to know <u>what food to eat</u> to get thin.
私はやせるために<u>どんな食べ物を食べたらよいか</u>知りたい。

Will you tell me <u>whose biography to read</u>?
<u>だれの伝記を読んだらよいか</u>教えてください。

決まり文句の不定詞の文

まず、以下の不定詞を使った決まり文句を押さえてくださいね。

to begin with～	まず第一に	so to speak～	いわゆる、いわば
to tell the truth	実をいえば	strange to say	不思議なことに
to be frank with you	率直なところ	needless to say	言うまでもなく
to make matters worse	もっと悪いことに		

いくつか文を紹介しましょう。

<u>To begin with</u>, we have to find out a good place to camp.
<u>まず第一に</u>、私たちはキャンプをする良い場所を見つけなければならない。

<u>To tell the truth</u>, I don't agree with you.
<u>実を言うと</u>、私は君の意見に賛成ではない。

<u>To be frank with you</u>, I hate that teacher.
<u>正直なところ</u>、私はあの先生がきらいだ。

I lost my way, <u>to make matters worse</u>, I was injured.
私は道に迷った。<u>もっと困ったことに</u>、けがをした。

Her eyes are, <u>so to speak</u>, little jewels.
彼女の目は、<u>いわば</u>小さな宝石だ。

Strange to say, they didn't show up.
不思議なことに、彼らは現れなかった。

Needless to say, Ichiro is a good baseball player.
言うまでもなく、イチローは良い野球選手です。

不定詞の完了形

ここでは不定詞の完了形について説明します、時制に気をつけてくださいね。

> 普通の不定詞の文［※同じ時を表す］
>   She seems to be rich.　　　彼女は金持ちであるらしい。
>
> 完了形の不定詞の文［※以前の時を表す］
>   He seems to have been ill.　彼は病気だったらしい。

他にもいくつか紹介しておきましょう。

Popai seems to have been a sailor when he was young.
ポパイは若いころ船乗りだったらしい。

I wanted to have written the letter.
私はその手紙を書いてしまいたかった（が、できなかった）。

She seemed to have gone through hardship.
彼女は苦難を経験したようだった。

不定詞の進行形の文

［to be ＋現在分詞］の順にすると不定詞の進行形の文のでき上がり。簡単ですね。

Father seems to be reading the newspaper.
父は新聞を読んでいるようだ。

不定詞の受動態の文

［to be ＋過去分詞］の順にすると不定詞の受動態の文のでき上がり。簡単ですね。

The girl wanted to be loved by her parents.
その少女は両親に愛されたかった。

不定詞の否定形の文

不定詞の否定形は、不定詞のすぐ前に［not］または［never］を入れるだけ。簡単ですね。

My parents told her never to go out.
私の両親は彼女に決して外に出ないようにと言った。

書きかえができる不定詞の文

ここでは［so～that］を使って書きかえることができる文を3つ紹介します。とても大切なところなので、心してのぞんでくださいね。

［too～to…］あまり～なので…できない

その本はあまりにも難しいので私には読めない。

不定詞の文　　　The book is too difficult for me to read.

so～thatの文　　The book is so difficult that I can't read it.

［～enough to…］…することができるほど～

彼女はその違いがわかるほど賢いです。

不定詞の文　　　She is wise enough to see the difference.

so～thatの文　　She is so wise that she can see the difference.

［so～as to…］とても～なので…だ

彼はとても親切で私にお金まで貸してくれた。

不定詞の文　　　He was so kind as to lend me the money.

so～thatの文　　He was so kind that he lent me the money.

to のない不定詞（原形不定詞）

ここでは to のない動詞の原形だけの不定詞について説明しましょう。原形だけの不定詞なので［原形不定詞］と言います。そのままですね。

どんな文があるのか見ていきましょう。

They made us <u>wait</u> for a long time.	彼らは私たちを長い間待たせた。
My father let me <u>go</u> abroad.	父は私を外国に行かせてくれた。
I had the secretary <u>write</u> the letter.	私は秘書に手紙を書かせた。

Point
下線部の動詞が原形不定詞です。
上の文の始めに出てくる動詞、**made, let, had** などには［～させる］という意味があります。こういう動詞を［使役動詞］と言います。
使役動詞の文に to のない不定詞（原形不定詞）が存在します。

押さえておきたい使役動詞	make, have, let, get, help　など

I saw something <u>move</u> in the dark.	私は暗闇の中でなにかが動くのを見た。
We heard Hikaru <u>sing</u> a song.	私たちはヒカルが歌を歌うのを聞いた。
I felt the ground <u>tremble</u>.	私は大地が揺れるのを感じた。

Point
下線部の動詞が原形不定詞です。
上の文に出てくる動詞、**saw, heard, felt** には［見た、聞いた、感じた］という意味があります、こういう動詞を［知覚動詞］と言います。
知覚動詞の文にも to のない不定詞（原形不定詞）が存在します。

押さえておきたい知覚動詞	see, watch, hear, feel, listen to, notice　など

不定詞だけに使われる言葉

ここでは不定詞だけに使われる言葉（動詞）を説明しましょう。
決心、意図、希望などを表す動詞です。

まずは下記の言葉を覚えてくださいね。

want to～	～したい	agree to～	～することに同意する
hope to～	～することをを望む	pretend to～	～するふりをする
learn to～	～を学ぶ	expect to～	～することを予期する
wish to～	～したいと思う	refuse to～	～することを拒む
decide to～	～を決心する	manage to～	どうにか～する
promise to～	～を約束する	offer to～	～を申し出る

ではいくつか文を紹介しておきましょう。

I hope to go to New York, London and Paris.
私はニューヨークとロンドンとパリに行くことを希望します。
　　　　　　　　　　　　　　　　　　（行きたいと思います）

I decided to write an English book.
私は英語の本を書こうと決心した。

I promise to meet again.
私は再会を約束する。（約束します）

We agreed to sing the song together.
私たちはいっしょにその歌を歌うのに同意した。

I refused to eat the elephant.
私はそのゾウを食べるのを拒否しました。

I offered to help them.
私は彼女たち（彼ら）を助けると申し出た。

1 ランクupの不定詞の文

私は朝、早起きすることにしています。
I make it a rule to get up early in the morning.

その医者は私に転地療養のためにどこかへ行くよう忠告した。
The doctor advised me to go somewhere for a change of air.

彼は年老いた両親の世話をするために家にとどまった。
He stayed home in order to look after his old parents.

私は始発列車に乗り遅れないようにタクシーに乗った。
I took a taxi so as not to miss the first train.

彼らは日本を去って二度と帰らなかった。
They left Japan, never to return.

朝起きたら、一面の銀世界だった。
I awoke in the morning to find the whole place covered with snow.

振り向くと月が沈みかけていた。
I turned around to see the moon sinking.

空には星ひとつ見えなかった。
Not a star was to be seen in the sky.

公平に評すれば彼女は有能な人物である。
To do her justice, she is an able woman.

その老人は、いわば生き字引だ。
The old man, so to speak, a walking dictionary.

実を言うと、私は彼女に恋をしてしまったんだ。
To tell the truth, I have fallen in love with her.

部屋に入る前にはノックをすべきです。
You are to knock on the door before you enter the room.

彼らはその問題を解決するために、来週会う予定です。
They are to meet next week to settle the problem.

この種類の花は日本では見ることができない。
These flowers are not to be seen in Japan.

Stage 18 動名詞

　さあ、動名詞の単元に入ってきました。むずかしくはありませんが、ややっこしいという声も多いので[不定詞]と[動名詞]との関係を整理しておきましょう。

▶スキッと整理してみよう

> ①不定詞のみ使用できる文（to 不定詞の単元で説明済）
> ②不定詞でも動名詞でも同じ意味を持つ文
> ③動名詞のみ使用できる文
> ④不定詞と動名詞では異なった意味を持つ文

　以上の4つを記憶していただけたと思いますので次の説明に移ります。

　②の[不定詞でも動名詞でも同じ意味を持つ文]をいくつか紹介しておきます。

不定詞の文	I like to play the piano.
動名詞の文	I like playing the piano.

　　　　　　私はピアノを弾くことが好きです。

不定詞の文	They have begun to learn English.
動名詞の文	They have begun learning English.

　　　　　　彼らは英語を習い始めました。

　ご覧のように、[like]や[begun]の動詞の場合は、不定詞、動名詞どちらを使っても同じ意味の文になります。このような動詞は他にもあります。しっかり押さえてくださいね。

like	好き、好む	love	好き、愛する
begin	始める、始まる	start	始める、始まる
cease	〜をやめる	intend	〜を意図する
continue	〜し続ける		

いろんな動名詞の文

ここでは動名詞の文をいろいろ見て行きましょう。できれば楽しく。

Rising early is good for the health.
早起き（早く起きること）は健康に良いです。

Sleeping refreshes you.
睡眠は気分を爽快にしてくれます。

They started working on time.
彼らは時間どおりに働きはじめました。

He stopped talking to her.
彼は彼女に話しかけるのをやめた。

She went away without saying good-by.
彼女はさよならも言わないで立ち去りました。

He practices playing the guitar every day.
彼は毎日ギターの練習をします。

Discussing the problem is no use.
It is no use discussing the problem. ※ 普通はこちらを使います。
その問題を議論しても無駄です。

Children like playing outdoors.
子供たちは外で遊ぶことが好きです。

They are afraid of being scolded.
彼らは叱られるのを恐れています。

I regret having been careless of my health in my youth.
私は若いころ健康に不注意だったことを後悔している。

It is no use crying over spilt milk.
こぼれたミルクを悔やんで泣くのは無駄だ。(覆水盆に返らず)※ことわざ

We continued walking in the rain.
私たちは雨の中を歩きつづけました。

It stopped raining.
雨がやみました。

動名詞だけに使われる言葉

ここでは動名詞だけに使われる言葉（動詞）を説明しましょう。
まずは下記の言葉を押さえてくださいね。

admit ～ ing	することを認める	avoid ～ ing	することを避ける
deny ～ ing	したことを否定する	enjoy ～ ing	することを楽しむ
finish ～ ing	し終わる	give up ～ ing	することをあきらめる
mind ～ ing	するのを気にする	miss ～ ing	しそこなう
put off ～ ing	することを延期する	practice ～ ing	する練習をする
excuse ～ ing	したことを許す	prevent ～ ing	するのをさまたげる

いくつか文を紹介しておきましょう。

I admitted watching television for five hours last night.
私は昨夜5時間テレビを見たことを認めた。

My sister avoid seeing Mike and Tom.
妹（私の）はマイクとトムに会うのを避けた。

I enjoyed listening to the music.
私は音楽を聴くのを楽しんだ。

Mother has just finished writing the letter.
母（私の）は手紙を書き終えたところです。

They missed being run over by a car.
彼らはあやうく車にひかれるところだった。

I practiced playing golf.
私はゴルフの練習をしました。

動名詞との組み合わせの熟語

ここでは動名詞との組み合わせで使われる熟語を説明しましょう。
まずは下記の言葉を押さえてくださいね。

be fond of ～	～が好きである	be good at ～	～が上手である
be proud of ～	～を誇りにしている	be sorry for ～	～して申し訳ない
be sure of ～	～を確信している	be busy ～	～で忙しい
be worth ～	～する価値がある	can't help ～	～しないわけにはいかない
feel like ～	～したい気分だ	insist on ～	～を主張する

いくつか文を紹介しましょう。

The girls are fond of chatting.
その少女たちはおしゃべりが好きである。

Mr.Watanabe is good at skiing.
ワタナベさんはスキーをするのが上手です。

We are proud of being Japanese.
私たちは日本人であることを誇りに思っている。

This electric calculator is worth buying.
この電卓は買う価値がある。

I can't help calling my girlfriend.
私は恋人（私の）に電話せずにはいられない。

She felt like crying.
彼女は泣きたい気分だった。

動名詞との組み合わせの熟語 II

動名詞との組み合わせで使われる熟語をもう少し説明します。

少し形が変わるだけで意味が変わる熟語もありますので、気をつけてください。まずは下記の言葉を押さえてくださいね。

insist on ~	~を主張する	look forward to ~	~を楽しみにする
It is no use ~	~は無駄である	There is no ~	とても~はできない
On ~	~するとすぐに	What do you say to ~	~してはどうですか
get used to ~	~に慣れてしまう	be used to ~	~に慣れている

いくつか文を紹介しましょう。

Dunant insisted on my paying.
デュナンは私にお金を払えと言い張った。（主張した）

I am looking forward to hearing from him.
私は彼から便りがくるのを楽しみにしている。

On entering the room, she saw her mother writing a letter.
部屋に入った途端、彼女には母が手紙を書いているのが見えた。

What do you say to eating out?
外食などいかがですか。

Scott got used to eating raw fish and an eel.
スコットは刺し身（生魚）とうなぎを食べるのに慣れた。

I am used to reading newspaper in a noisy room.
私は騒々しい部屋で新聞を読むのに慣れている。

不定詞と動名詞で意味が変わる言葉

ここでは不定詞を使った場合と動名詞を使った場合で意味が変わる言葉（動詞）を説明します。中には正反対の意味になる言葉もあります。2つセットで押さえましょう。まずはこの言葉からです。

stop		
不定詞	stop to～	～するために立ち止まる
動名詞	stop ～ing	～するのをやめる

I stopped to smoke.
私はたばこを吸うために立ち止まった。　　　　※吸う

I stopped smoking.
私は禁煙した。（たばこを吸うことをやめた）　※吸わない

どうです？　まったく意味が違うでしょう。では他の言葉も説明しましょう。

go on		
不定詞	go on to～	※（前のことに）つづいて～をする
動名詞	go on ～ing	※（同じことを）～しつづける

He showed me the machine. He went on to tell me how to use it.
彼は私にその機械を見せた。続いて私にその使い方を話した。

My friend went on talking to me.
友人（私の）は私に話し続けた。

remember		
不定詞	remember to～	※(これから)～することを覚えておく
動名詞	remember ～ing	※(これまでに)～したことを覚えている

Remember to see her at Asakusa next week.

来週浅草で彼女に会う予定だということを覚えておきなさい。

I remember seeing her at Asakusa.

私は浅草で彼女に会ったのを覚えている。

tried		
不定詞	tried to～	～しようとしてみた
動名詞	tried ～ing	ためしに～をやった

I tried to paint a picture but I couldn't.

私は絵を描こうとしたが、できなかった。

I tried painting a picture.

私はためしに絵を描いてみた。

need		
不定詞	need to～	※(自分で)～する必要がある
動名詞	need ～ing	～してもらう必要がある

We need to wash.

私たちは手足などを洗う必要がある。

Babies need washing.

赤ちゃんは手足などを洗ってもらう必要がある。

1 ランク up の動名詞の文

私たちは間違いをすることを恐れている。
We are afraid of making mistakes.

私たちは彼が間違いをすることを恐れている。
We are afraid of his (him) making mistakes.

君の悪いくせの一つははっきりと話さないことだ。
One of your bad habits is not speaking clearly.

私の子供たちは早く寝かされるのをいやがる。
My children don't like being sent to bed early.

娘（私の）はそんなことはしなかったと言った。
My daughter denied having done so.

私たちはラジオをきいて英語を学ぶことができます。
We can learn English by listening to the radio.

ラッシュアワーにこの通りを横断することは避けるべきです。
We should avoid crossing this street in the rush hours.

パーティーでそのご婦人に会ったことは決して忘れないだろう。
I have never forget seeing the lady at the party.

彼らは入学試験に合格する自信がある。
They are sure of passing the entrance examination.

外国語を学ぶときは一歩一歩進まなければならない。
In learning a foreign language, we have to advance step by step.

彼女は自分で編んだセーターを着ていました。
She wore a sweater of her own knitting.

仕事のため彼はスキーに行けなかった。
Business prevented his going skiing.

その先生は私が遅く着いたのを許してくれました。
The teacher excused my arriving late.

あんな立派な学者には敬服せずにはいられません。
I can't help admiring such a fine scholar.

お便りを楽しみにしています。
We are looking forward to hearing from you.

Stage 19 付加疑問文

さあ、付加疑問文の説明をはじめましょう。軽い念押しをするときに使われる文です。どんな文があるのか見ていきましょう。

<u>Ken is</u> very kind, <u>isn't he</u>?
ケンはとても親切（やさしい）ですね。

<u>You met</u> that girl yesterday, <u>didn't you</u>?
あなたは昨日あの少女に会いましたね。

<u>Seiko can</u> skate well, <u>can't she</u>?
セイコは上手にスケートができますね。

<u>You aren't</u> busy, <u>are you</u>?
あなたは忙しくないのですね。

<u>Jane doesn't</u> like mathematics, <u>does she</u>?
ジェーンは数学が好きではないのですね。

<u>He has never</u> been to France, <u>has he</u>?
彼はフランスへ行ったことが一度もないのですね。

Point
文の始まりが肯定の場合、終わりは否定の形にする（, **isn't**～）。
文の始まりが否定の場合、終わりは肯定の形にする（, **is**～）。
文末の単語は代名詞（主格）。

命令文の付加疑問

Open the door, will you?
ドアを開けてくれませんか。

Don't open the door, will you?
ドアを開けないでくれませんか。

point 命令文の付加疑問は will you? を使います。

Let's take a walk, shall we?
散歩をしましょうね。

point Let's で始まる付加疑問は shall we? を使います。

付加疑問文の答え方

You are busy now, aren't you?
あなたは今忙しいですね。

上の文の問いかけは Are you busy now? と同じです。したがって

忙しい場合は	Yes, I am.	はい、忙しいです。
忙しくない場合は	No, I am not.	いいえ、忙しくないです。

ここまではOKですね。問題は否定で始まる付加疑問文です、説明しましょう。

気をつけたい付加疑問文の答え方

You aren't busy now, are you?
あなたは今忙しくないですね。

上の否定で始まる文への答え方ですが、次のように考えてください。

忙しい場合は		I am busy.	（私は忙しいです）
忙しくない場合は		I am not busy.	（私は忙しくないです）

● [答え方]

前の考え方の busy をカットして ☐ に Yes, No を入れた文が正しい答えとなります。したがって、

忙しい場合は	Yes, I am.
忙しくない場合は	No, I am not.

ここまでも OK ですね。

ではもう一度否定で始まる付加疑問文と答え方を見ていきましょう。

You aren't busy now, are you?

あなたは今忙しくないですね。

忙しい場合	Yes, I am.	いいえ、忙しいです。
忙しくない場合	No, I am not.	はい、忙しくないです。

※英語と日本語の答え方が、いつもと違うので気をつけてください。

付加疑問文は肯定、否定、どちらで始まっても「忙しい」のか「忙しくない」のかを答えるだけです。**You are busy now, aren't you?** に対する答え方と同じです。

いろんな付加疑問文

ジュディーはバイオリンを弾きますね。
Judy plays the violin, doesn't she?

あなたのお父さんはゴルフをしませんね。
Your father doesn't play golf, does he?

君はこれ以上歩けませんね。
You can't walk any more, can you?

あなたはその時寝ていましたね。
You were sleeping then, weren't you?

このカメラは日本で作られたんですね。
This camera was made in Japan, wasn't it?

エリザベスさんは２年間日本にいますね。
Ms.Elizabeth has been in Japan for two years, hasn't she?

英語はこの国で話されていますね。
English is spoken in this country, isn't it?

ナンシーとメアリーは仲の良い友人ですね。
Nancy and Mary are good friends, aren't they?

あなたの弟は明日野球をする予定ですね。
Your brother will play baseball, won't he?

この都市には空港がありませんね。
There isn't an airport in this city, is there?

そのドアを閉めてくれませんか。
Close the door, will you?

君は昨日学校を休みましたね。
You were absent from school yesterday, weren't you?

我々は太陽エネルギーを利用しているんですね。
We are using solar energy, aren't we?

付加疑問文のもう一つの訳し方

付加疑問文は［軽い念押し］に使うと説明しました。これとは別に **Yes, No** の答えを期待する［軽い質問］の意味にすることもできるので少しふれておきましょう。

文章にするとまったく同じですが、語尾を下げるか↘、上げるか↗によってかわってきます。

軽い念押し	You are from New York, aren't you?↘ あなたはニューヨークの出身ですね。
軽い質問	You are from New York, aren't you?↗ あなたはニューヨークの出身ですか。

日本語でも「そうなの」↘と、「そうなの」↗では意味が違ってきますよね。それと同じだと思ってください。

Stage 20 関係詞（関係代名詞）

ここでは[関係代名詞]を習います。2つの文を[関係]づけてつなぐ役目と[代名詞]の役目を同時に行う言葉なので[関係代名詞]と呼ばれています。
　そのままですね。

　まずは[人]に関する代名詞の表で関係代名詞との関係を見ておきましょう。

	主格	所有格	目的格
関係代名詞	**who**	**whose**	**whom**
代名詞	I You We They He She	my your our their his her	me you us them him her

　上の表より[who]が主格を、[whose]が所有格を、[whom]が目的格を担当することがわかってもらえたと思います。では文を見ていきましょう。

I have an uncle.　私にはおじがいる。
And [he] speaks English.　そして彼は英語を話す。

⇩

I have an uncle [who] speaks English.　私は英語を話すおじがいる。

$$\left[\begin{array}{l}\text{She has a brother.} \quad 彼女には兄がいる。\\ \text{And } \boxed{\text{his}} \text{ name is Takuya.} \quad そして彼の名はタクヤです。\end{array}\right.$$

⇩

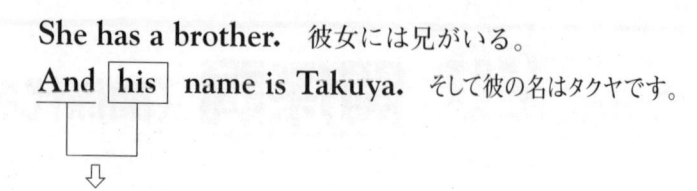

She has a brother $\boxed{\text{whose}}$ name is Takuya. 　彼女にはタクヤという名の兄がいる。

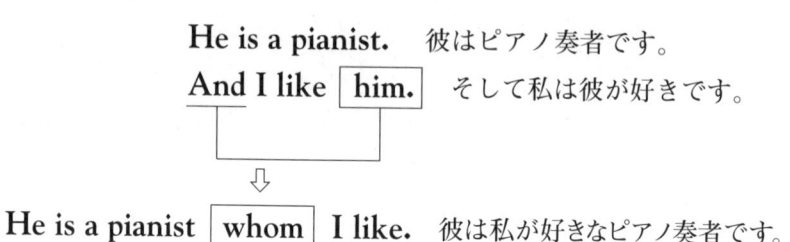

$$\left[\begin{array}{l}\text{He is a pianist.} \quad 彼はピアノ奏者です。\\ \text{And I like } \boxed{\text{him.}} \quad そして私は彼が好きです。\end{array}\right.$$

⇩

He is a pianist $\boxed{\text{whom}}$ I like. 　彼は私が好きなピアノ奏者です。

では［物、動物］に関する代名詞の表で関係代名詞との関係を見ておきましょう。

	主格	所有格	目的格
関係代名詞	**which**	**(whose)**	**which**
代名詞	they it	their its	them it

［物、動物］の場合［which］が主格を［whose］が所有格を、［which］が目的格を担当します。では文を見ていきましょう。

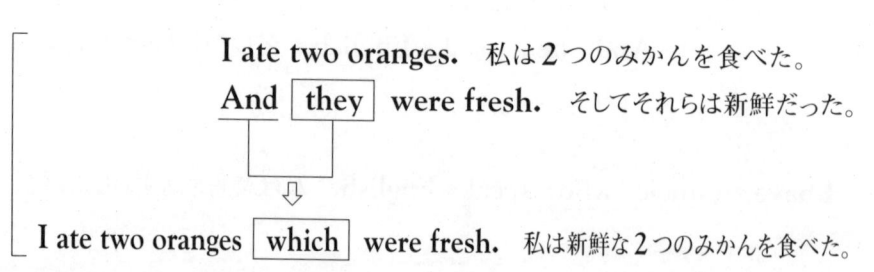

$$\left[\begin{array}{l}\text{I ate two oranges.} \quad 私は2つのみかんを食べた。\\ \text{And } \boxed{\text{they}} \text{ were fresh.} \quad そしてそれらは新鮮だった。\end{array}\right.$$

⇩

I ate two oranges $\boxed{\text{which}}$ were fresh. 　私は新鮮な2つのみかんを食べた。

I found a house. 私は1軒の家を見つけた。
And its door was broken. そしてそのドアはこわれていた。

⇩

I found a house whose door was broken.
　　　　　　私はドアのこわれている1軒の家を見つけた。

※［物、動物］の所有格を表すのに現在では［whose］はあまり使われません。
［with］を使った表現が、書き言葉や話し言葉で使われています。

I found a house with the broken door.

They are blueberry pies. それらはブルーベリーパイです。
And my mother made them. そして私の母がそれらを作った。

⇩

They are blueberry pies which my mother made.
　　　　　　それらは私の母が作ったブルーベリーパイです。

> **ちょっと聞いていい？ のコーナー**
>
> **Q** 関係代名詞にthatがあったと思うんですが、説明してもらえますか？
>
> **A** そうでした。主格と目的格で幅広く使える[that]がありましたね。ただし所有格はありません。表で確認しておきましょう。

	主格	所有格	目的格
人	who	whose	whom
物	which	(whose)	which
人、物	that	——————	that

The girl and her kitty that made me happy went home.
　　　　　　　　　　　[主格]

私を楽しませたその少女と子猫は、家に帰っていった。

This is the fountain pen that my father gave me.
　　　　　　　　　　[目的格]

これは父が私にくれた万年筆です。

以上のように [that] を使うこともできます。

なお [that] が好まれて使われる場合があるので紹介しておきましょう。

◉関係代名詞の前の言葉が次のような場合

[all, any, every, the same, the very, the first, the last, the only]
または、[形容詞の最上級]がついている場合。thatを使うと良いでしょう。

文を紹介しておきましょう。

Ann is the only girl that knows me.

アンは私のことを知っている唯一の少女です。

This is the very car that I wanted.

これは私が欲しかった、まさにその車です。

関係代名詞の英作

さあ、いよいよ英作です。2種類紹介しますのでしっかりマスターしてくださいね。

英作ができるようになると楽しいですし、なかなかの実力ですからね。

パターン1

私にはお父さんがパイロットをしている友人がいます。

☐ まず基本的な文に＿＿＿線を引き、残りは（ ）をつける。

　私には（お父さんがパイロットをしている）友人がいます。

☐ （ ）の後ろの＿＿＿線を（ ）の前にもっていく。

　私には 友人がいます（お父さんがパイロットをしている。）※

> ※ 彼の父はパイロットです

☐ 英作開始。（ ）の中は関係代名詞から英作。

　I have a friend（whose father is a pilot.）

　I have a friend whose father is a pilot.

パターン2

あの木の下に立っているその男の人は小林さんです。

☐ まず基本的な文に＿＿＿線を引き、残りは（ ）をつける。

　（あの木の下に立っている）その男の人は 小林さんです。

☐ （ ）の後ろの＿＿＿線を（ ）の前にもっていく。

　その男の人は（あの木の下に立っている）小林さんです。※

> ※ 彼はあの木の下に立っている

□英作開始。（　）の中は関係代名詞から英作。

<u>The man</u> (who is standing under that tree) <u>is</u> Mr. Kobayashi.

The man who is standing under that tree is Mr.Kobayashi.

※上の文で（　）の中が［進行形］［受動態］となる場合は［関係代名詞とbe動詞］を省略することができる。

The man │who is│ standing under that tree is Mr.Kobayashi.
　　　　　　省略

The man standing under that tree is Mr.Kobayashi.

1 ランクupの関係代名詞の文

私は年老いた人達にとてもやさしい婦人を知っています。
I know a lady who is very kind to old people.

サングラスをかけているその男の人は私の兄です。
The man who wears sunglasses is my brother.

私はルーシーという名のアメリカの少女を知っています。
I know an American girl whose name is Lucy.

ドアのところに見える女の子は私のめいです。
The girl whom you see at the door is my niece.

今朝来た手紙は私の母からのものです。
The letter that(which) came this morning is from my mother.

むこうを走っている子供たちをごらんなさい。
Look at the children that are running over there.

私があなたに紹介したい紳士は別の人です。
The gentleman whom I'd like to introduce to you is another person.

私が買おうとしている家は5年前に建てられたものです。
The house which I am going to buy was built five years ago.

岩の上に止まっている白い鳥のうち1羽はハトです。
One of the white birds which are on the rock is a pigeon.

3月と5月のあいだにやって来る月は4月です。
The month which comes between March and May is April.

それが私の知っているたった1つのフランス語の単語でした。
That was the only French word that I knew.

うちの赤ちゃんは私たちのすることを何でもしようとする。
Our baby tries to do everything that we do.

私たちの知らない婦人が私たちにほほえみかけました。
A lady whom we did not know smiled at us.

私が相談した弁護士は私に有益な助言を与えてくれた。
The lawyer whom I consulted gave me some useful advice.

50の星と13のしま模様が入った旗がアメリカの国旗です。
The flag that has fifty stars and thirteen stripes is the American flag.

関係代名詞の省略

関係代名詞の省略です。避けては通れないので説明します。でもいたって簡単です。

◉目的格の関係代名詞は省略できる。

目的格の［whom］、［which］、［that］は省略できます。

どうぞ信頼できる人を推薦してください。
Please recommend a man whom you can trust.
Please recommend a man you can trust.　　（whom）を省略

あれは彼女がとても好きな歌です。
That is the song which she is very fond of.
That is the song she is very fond of.　　　（which）を省略

関係代名詞を含む後の文が［進行形］［受動態］の場合、関係代名詞と次のbe動詞は省略できます。

私は木の下に座っている少年を知っている。
I know the boy who is sitting under the tree.
I know the boy sitting under the tree.　　（whoとisを省略）

私は英国製（イギリスで作られた）の車が欲しい。
I want a car which was made in England.
I want a car made in England.　　　　　（whichとwasを省略）

もうひとつの関係代名詞

2つの文を紹介しますので見比べてください。

He likes rock singer who can sing well. 《制限用法》
彼は歌の上手なロック歌手が好きです。

He likes Mariah Carey, who can sing well. 《非制限用法》
彼はマライア・キャリーが好きです、彼女は歌が上手だから。

さあ、《制限用法(制限的用法)》と《非制限用法(非制限的用法)》というむずかしい言葉が出てきましたが、どうってことないですよ。簡単に説明しましょう。

普通の関係代名詞の文が《制限用法》
［,］がついて（関係代名詞の前に［,］）普通でないのが《非制限用法》

見た目の違いはこれだけですね。いくつか文を見ていきましょう。

She had a sister, who became a nurse.
彼女には姉がひとりいた、そしてその姉は看護婦になった。

He said that he was sick, which was a lie.
彼は病気だと言ったが、それはうそでした。

※非制限用法の文は、一応完結している文に説明や理由を付け加えた形になっています。和訳の時は［,］までを訳しその後［,］以降を訳しましょう。（英作も同じ）

She asked me a question, which I found easy to answer.
彼女は私に質問したが、それは答えるのが簡単でした。

I was very happy to see Yuki, whom I hadn't seen for years.
私はユキに会えてとても嬉しかった。彼女とは何年も会っていなかったから。

※非制限用法では、目的格でも関係代名詞の省略はできません。非制限用法の関係代名詞に［that］はありません。
(who, whose, whom, which が使われる)

制限用法と非制限用法　和訳時の注意

見た目によく似た英文でも和訳すると意味が反対になるような場合があります。以下の2文を見比べてください。

There were few passengers who escaped without serious injury.
重症を負わずにのがれた乗客は、ほとんどいなかった。(重症を負った)
《制限用法》

There were few passengers, who escaped without serious injury.
乗客は少なかった。その人たちは重症を負わずにのがれた。
《非制限用法》

※非制限用法の場合［,］までをしっかり訳して間違いをさけてくださいね。

その他の関係代名詞 [what の用法]

ここでは関係代名詞に使われる what を紹介します。

［〜すること］［〜するもの］という意味を表します。

つまり、この［what］と［the thing(s) which］は同じ意味を表しています。

では、どんな時にこの what を使うのか？　次のような場合に使います。
「彼が言ったこと」「あなたが持っているもの」＿＿部のように言ってることが漠然としている時に使います。では文を見ていきましょう。

Show me what you have in your hands.
手（両手）に持っているものを私に見せなさい。

My parents have made me what I am.
両親（私の）が私を今日の私にしてくれた。

What is important to you is also important to me.
あなたにとって重要なことは私にとっても重要です。

What is necessary for you now is courage.
あなたに今必要なものは勇気です。

Never put off till tomorrow what you can do today.
今日できることを明日まで延ばすな。

複合関係代名詞

さあ、複合関係代名詞の出番です。複雑に合わさった関係代名詞ということかもしれませんが、実は簡単です。

関係代名詞［who, whose, whom, which, what］に［ever］をつければ複合関係代名詞のでき上がり。どうです？ 簡単でしょう。では文を見ていきましょう。

Whoever comes first may take it.
だれでも最初に来た人がそれをもらって良い。

They give water to whoever wants it.
彼らはほしい人にはたとえだれにでも水をくれる。

The lady is very kind to whomever she meets.
そのご婦人は、たとえだれに会ってもとても親切です。

Take whichever you want.
どちらでも君のほしいものを取りなさい。

You may choose whichever you like.
どちらでもあなたの好きな方を選んで良い。

He tried to do whatever he wanted.
彼はたとえ何であっても自分のやりたいことをやろうとした。

Whatever happens, I'll never change my mind.
どんなことが起きようとも、私は自分の決心を変えません。

Stage 21 関係詞（関係副詞）

さあ、関係副詞まできました。2つの文を関係づけて結ぶ副詞なので関係副詞と呼ばれています。そのままですね。

関係代名詞と同じ要領でやればいいのです。違いは結ぶ言葉が動詞をくわしく説明する言葉［副詞］だということです。あまりむずかしく考えないでくださいね。説明しましょう。

まず関係副詞を4つ紹介します、と言っても見慣れた単語ですけれど。

関係副詞			
when	時を表す名詞の次に使う	where	場所を表す名詞の次に使う
why	理由(the reason)の次に使う	how	方法を尋ねる場合に使う

では文で見ていきましょう。

　　　　　This is the village.　これは村です。
　　　　　And we were born ｜here.｜ そして私たちはここで生まれた。

　　　　　　　　⇩

This is the village ｜where｜ we were born.　これは私たちが生まれた村です。

　　　　　I remember the day.　私はその日を覚えています。
　　　　　And I first met her ｜on the day.｜ そしてその日初めて彼女に会った。

　　　　　　　　⇩

I remember the day ｜when｜ I first met her.
私は初めて彼女に会った日を覚えています。

Tell me the reason.　理由を言いなさい。

You didn't come on time.　あなたは時間通りに来なかった。

◎reason があるので関係副詞の［why］でつなぐ。

Tell me the reason │why│ you didn't come on time.

時間通りに来なかった理由を言いなさい。

He told me.　彼は私に話した。

He escaped the danger.　彼はその危険をのがれた。

※のがれた方法なので［how］を使う

⇩

He told me │how│ he escaped the danger.

彼はどのようにしてその危険をのがれたかを私に話した。

関係副詞の英作

さあ、関係副詞の英作です。［when, where, why, how］のどれを使うかがわかれば簡単に英作できます。では説明しますね。

私は彼女の家があったその町を覚えています。

❏まず基本的な文に＿＿＿線を引き、残りは（ ）をつけます。

私は（彼女の家があった）その町を覚えています。

❏（ ）の後の＿＿＿線を（ ）の前にもっていく。

私は その町を覚えています（彼女の家があった）→［場所］と考える

I remember the town │where│ (her house was.)

※場所を表す関係副詞でつなぐ

I remember the town where her house was.

金曜日は私が最も忙しい日です。

金曜日は（私がもっとも忙しい）日です

金曜日は 日です（私が最も忙しい）⇨ ［時］と考える

Friday is the day　when　(I am the busiest.)

Friday is the day when I am the busiest.

彼女は列車に乗り遅れた理由を私に話した。

彼女は（列車に乗り遅れた）理由を私に話した。

彼女は 理由を私に話した（列車に乗り遅れた）
　　　　※理由 reason の次に来る関係副詞は［why］

She told me the reason　why　she missed the train.

She told me the reason why she missed the train.

彼女はその問題を解いた方法を話した。

彼女は（その問題を解いた方法を）話した。

彼女は 話した（その問題を解いた方法を）
　　　　　　　　　　※［方法］は関係副詞［how］を使う

She said　how　(she solved the problem.)

She said how she solved the problem.

　（　）の後の＿＿＿線を（　）の前にもっていき、英作する。
【クロールの法則】と私は呼んでいますが、参考になりましたでしょうか。
英作は決してむずかしくはありません。できれば簡単だと思って頑張って
くださいね。

1 ランク up の関係副詞の文

月曜日は多くの人々がゆううつに感じる日です。
Monday is the day when many people feel blue.

あれは私が初めて彼らに会った小学校です。
That is the elementary school where I first met them.

あなたは昨夜彼が来なかった理由を知っていますか。
Do you know the reason why he didn't come yesterday?

あなたがその問題を解いた方法をどうぞ教えてください。
Please show me how you solved the problem.

彼女があなたの助けを必要とする時がくるかもしれません。
The time may come when she will need your help.

彼女たちが滞在したホテルはスキー場に近かった。
The hotel where they stayed was near the skiing ground.

これが私が君に賛成できない理由だ。
This is the reason why I can't agree with you.

このようにして彼はそれをした。
This is how he did it. ／ This is the way he did it.

私のおじはその戦争が始まった年に生まれた。
My uncle was born in the year when the war broke out.

砂漠は何も育たない広大な平地です。
A desert is a great plain where nothing will grow.

水曜日は父（私の）が1日中外出している日です。
Wednesday is the day when my father is out all day.

ここは私がよく泳いだ場所です。
This is the place where I used to swim.

そこがまさにあなたが間違っている点です。
This is just where you are mistaken.

私は初めてあなた方に会った日のことを忘れられない。
I can't forget the day when I first met you.

もう1つの関係副詞 [非制限用法]

関係代名詞で習いました［非制限用法］が関係副詞にもあるということです。

- □関係副詞の前に[,]を打つのも同じ要領です。
- □和訳時に[,]までを訳し、その後それ以降を訳すのも同じ要領です。
- ■[when, where]の2つだけが非制限用法として用いられます。

では、文を見てみましょう。

We went to Las Vegas, where we stayed for a week.
私たちはラスベガスに行き、そこで1週間滞在した。

She stayed in Nara till Saturday, when she started for Kyoto.
彼女は土曜日まで奈良に滞在し、それから京都へ向かってたった。

Let's go to Kobe, where we can get the latest fashion.
神戸へ行きましょう、最新の流行の服が買えるから。

複合関係副詞

さあ、関係副詞です。種類は3つだけです。意味とともに説明しましょう。

whenever	いつ〜しようとも	〜する時はいつでも
wherever	どこへ〜しようとも	〜する所はどこでも
however	いかに〜しようとも	

では、文を見てみましょう。

You may come whenever it is convenient to you.
いつでも都合の良い時に来て良いです。

You may go wherever you like.
あなたは好きな所どこへでも行って良い。

However hard you may try, you can't beat her.
いくら頑張っても、君は彼女を負かすことはできない。

Whenever you come, I'll be glad to see you.
いつ来られても、喜んでお会いします。

She was received with respect wherever she went.
彼女はどこへ行っても、敬意をもって迎えられました。

Stage 22 話　法

ちょっと聞いていい？ のコーナー

Q 話法って何ですか？ いくつか種類があるんですか？

A 人が話したことを英文にしたものです。2種類あります。
○聞いた言葉が直接入る文が[直接話法]。和文では「　」のついた文。
○その人が言った内容が入る文が[間接話法]。和文では「　」はありません。

【直接話法の文】　彼女は「私は学校を休みます」と言ってます。
　　　　　　　　She says, "I am absent from school."

【間接話法の文】　彼女は学校を休みますと言ってます。
　　　　　　　　She says that she is absent from school.

では2つの文の特徴を説明しておきましょう。

【直接話法の文】　She says, "I am absent from school."
　　　　　　　　　　　└─カンマ　　　　　　　　　　" "マーク
　　　　　　　　　　　　　　　　↓代名詞（この場合同じ）
【間接話法の文】　She says that she is absent from school.
　　　　　　　　※that（接続詞）は省略できます。

　　　"I am absent from school."
　　　She says, "I am absent from school."
　　　She says that she is absent from school.

話している相手が和文にある場合

【直接話法の文】　彼は彼女に「僕は君を愛してる」と言っている。
　　　　　　　　He says to her, "I love you."

【間接話法の文】　彼は彼女を愛してると彼女に言っている。
　　　　　　　　He tells her that he loves her.

話している相手がいる場合の［間接話法の文］の特徴を説明しましょう。

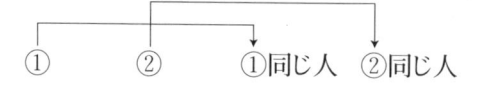

① ② ①同じ人 ②同じ人
He tells her that he loves her.

> He tells her that he loves her

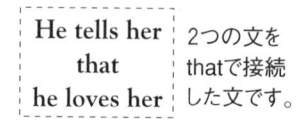

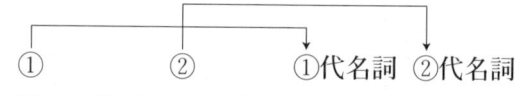

2つの文をthatで接続した文です。

① ② ①代名詞 ②代名詞
Mike tells Nancy that he loves her.

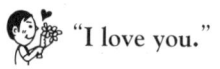

"I love you."
he loves her.
間接的に見ている。

話法の英作 1（時制が現在の場合）

【間接話法の英作】

彼女は学校を休みますと言っている。

①彼女は |学校を休みます| と |言っている。
②_____→

①ワープの法則
　文頭からまっすぐ英作する
②2度目はストレートの法則

①　　②
She says she is absent from school. 　　(that省略)できあがり。

She says that she is absent from school. 　　できあがり。

彼は彼女を愛していると彼女に言っている。

①彼は|彼女を愛している|と|彼女に言っている。　　①中1の文の法則

② ―――――――――――→　　②2度目はストレートの法則

He tells her he loves her. 　　(that省略)できあがり。

He tells her that he loves her. 　　できあがり。

【直接話法の英作】

彼女は「私は学校を休みます」と言っている。

①彼女は|「私は学校を休みます」と|言っている。　　①ワープの法則
　　　　　　　　　　　　　　　　　　　　　　　" "をつけ、残りを英作する
　　　　　　　　　　　　　　　　　　　　　②見たままを直接英作の法則
She says, "I am absent from school." 　　できあがり。

彼は「僕は君を愛してる」と彼女に言っている。

彼は|「僕は君を愛してる」と|彼女に言っている。

He says to her, "I love you."

直接話法を間接話法に書きかえる

ちょっと聞いていい？ のコーナー

Q 話法の書きかえは時制で混乱するんですが、何かいい覚え方はないですか？

A そうですね。では色を使って説明しましょう。透明と、うすい青の半透明のセロハンをイメージしてください。※（色は青でなくてもOK、お好きな色をどうぞ）では説明しましょう。

透明と、うすい青の半透明（以下うすい青）のセロハンを重ねると3つのパターンができますよね。

［透明］に［透明］を重ねると［透明］
［うすい青］に［透明］を重ねると［うすい青］
［うすい青］に［うすい青］を重ねると［こい青］

　　　　　　　　　　　　　　　　ここまではOKですね。

実はこれらの色は時制を表しているんです。

　　　　　　　　　　　　　　　※透明も色と考えてください。

　［透明］は**現在**　［うすい青］は**過去**　［こい青］は**過去完了**　だから

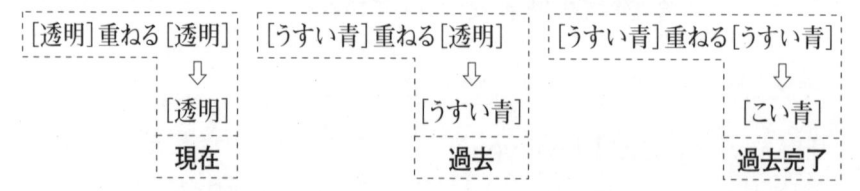

［透明］重ねる［透明］	［うすい青］重ねる［透明］	［うすい青］重ねる［うすい青］
⇩	⇩	⇩
［透明］	［うすい青］	［こい青］
現在	**過去**	**過去完了**

以上が間接話法の文の後半の時制を出す方法です。実際に文で確認しましょう。

透明 ⇨ 透明
He says , "I am busy."
⇩
He says that he is busy.
　　　　　　　透明【現在】

うすい青 ⇨ 透明
He said , "I am busy."
⇩
He said that he was busy.
　　　　　　　うすい青【過去】

うすい青 ⇨ うすい青
He said , "I was busy."
⇩
He said that he had been busy.
　　　　　　　こい青【過去完了】

（大切）
間接的に色を重ねる法則
と覚えよう。

透明　　　　　透明
He says to her, "I love you."
　　　　　　⇩
He tells her that he loves her.
　　　　　　　　　透明【現在】

　　うすい青　　　　透明
He said to her, "I love you."
　　　　　　⇩
He told her that he loved her.
　　　　　　　　うすい青【過去】

　　うすい青　　　うすい青
He said to her, "I loved you."
　　　　　　⇩
He told her that he had loved her.
　　　　　　　　こい青【過去完了】

話法の英作2（時制が過去の場合）

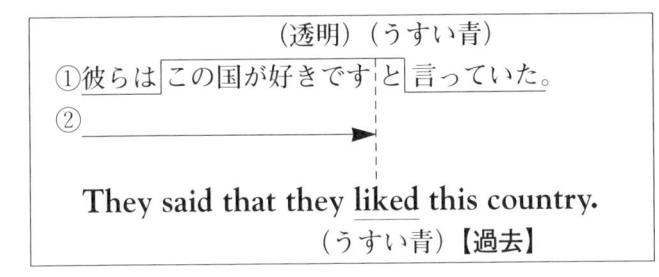

①ワープの法則
②2度目はストレートの法則
③色を重ねる法則

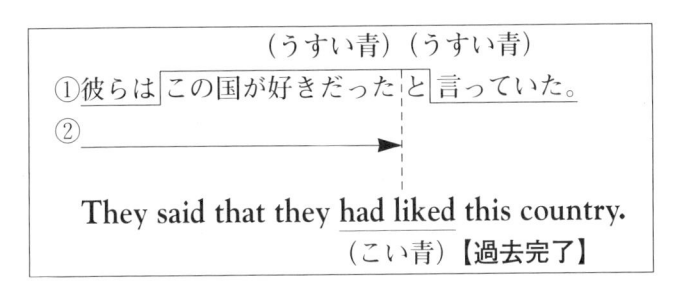

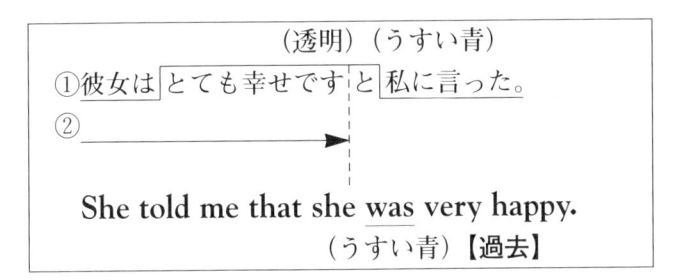

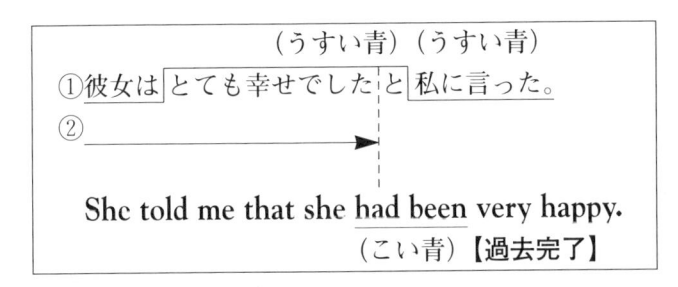

```
                  （透明）（うすい青）
①彼らは|この国が好きです|と|言っていた。|
②_____▶
```

They said that they <u>liked</u> this country.
　　　　　　　　　（うすい青）【過去】

```
              （うすい青）（うすい青）
①彼らは|この国が好きだった|と|言っていた。|
②_____▶
```

They said that they <u>had liked</u> this country.
　　　　　　　　　　　（こい青）【過去完了】

```
                （透明）（うすい青）
①彼女は|とても幸せです|と|私に言った。|
②_____▶
```

She told me that she <u>was</u> very happy.
　　　　　　　　　（うすい青）【過去】

```
              （うすい青）（うすい青）
①彼女は|とても幸せでした|と|私に言った。|
②_____▶
```

She told me that she <u>had been</u> very happy.
　　　　　　　　　（こい青）【過去完了】

Stage 23 時制の一致

さあ、[時制の一致]です。この言葉を使うとむずかしいように感じるかもしれませんが、どうってことないですよ。実は話法のところで、時制の一致と言う言葉を使わずに説明済みです。**【色を重ねる法則】**を使えば簡単に解けますよ。

では文を見ながら説明していきましょう。

私は 彼は正しいと 思います。
　　　透明＋透明
　　　＝透明（現在）
　　　　　⇩
I think he is right.

私は 彼は正しいと 思いました。
　　　透明＋うすい青
　　　＝うすい青（過去）
　　　　　⇩
I thought he was right.

マイクは 彼女に会ったと 言っています。
　　　うすい青＋透明
　　　＝うすい青（過去）
　　　　　⇩
Mike says he met her.

マイクは 彼女に会ったと 言いました。
　　　うすい青＋うすい青
　　　＝こい青（過去分詞）
　　　　　⇩
Mike said he had met her.

【色を重ねる法則】の表	
透明＋透明＝	透明
現在＋現在＝	現在
透明＋うすい青＝	うすい青
現在＋過去　＝	過去
うすい青＋うすい青＝	こい青
過去　＋過去　＝	過去分詞

> 私は|その本を読んだことがあると|思います。
>   ※［完了形］透明＋透明
>   ＝透明［現在］分詞
>   ⇩
> **I think I <u>have</u> <u>read</u> the book.**
>
> 私は|その本を読んだことがあると|思いました。
>   ※［完了形］透明＋うすい青
>   ＝うすい青［過去］分詞
>   ⇩
> **I thought I <u>had</u> <u>read</u> the book.**

※上の2つの文は現在完了形が入った文です。文末が現在の場合と過去の場合です。［**have read**］と［**had read**］の違いですが、［**have**］が［**had**］に変わるだけと考えてください。

時制の一致の例外

［時制の一致の例外］ですが、どんな場合に例外になるかがわかれば後は簡単です。

|例外になる場合| ［真理］［格言］［習慣］は例外です。不変の事実ですね。

|英作の仕方| 見たままの時制で英作するだけで**OK**です。

［真理］　　私たちは地球は太陽の回りを回っていると教えられた。
　　　　　We were <u>taught</u> that the earth <u>moves</u> round the sun.

［格言］　　母は(私の)いつも私に正直は最良の策ですよと言っていました。
　　　　　My mother always <u>told</u> me that honesty <u>is</u> the best policy.

[習慣] 彼女は毎晩11時に寝ると言いました。
She said (that) she goes to bed at eleven every night.

どうです？　例外の方が簡単でしょう。もう少し説明しますね。

|例外になる場合| [歴史上の事実] やはり不変の事実と考えましょう。

|英作の仕方| 歴史は過去の出来事だから常に過去形を使う。

[歴史上の事実] 先生はコロンブスは1492年にアメリカを発見したと言った。
The teacher said Columbus discovered America in 1492.　　常に過去形

|例外になる場合| [比較を表す場合]

|英作の仕方| 実際の時に合わせる。

[比較を表す場合] 昨日は今日よりも寒かった。
It was colder yesterday than it is today.

さあ、いかがでしたでしょうか。
　[真理][格言][習慣]は見たままを英作、[歴史]は過去形
　[比較]は実際の時制でしたね。これがわかれば時制の一致の例外はOKです。

Stage 24 間接疑問文

さあ、間接疑問文です。時制の一致をマスターされたみなさんにとっては、とても簡単な単元になっていることと思います。では説明していきましょう。

私は | 彼が何をしているのか | 知りたいです。
① ② ③

※［彼は何をしていますか］と考える。

What | is he doing?
⇩
I want to know | what | he is doing.　疑問詞の後を必ず肯定にする。
　　　　　　　　　　　　　　　　　　　2文を疑問詞でつないででき上がり。
I want to know what he is doing.　　　文の出だしが肯定なので[.]にする。

私は | 彼女がどこに住んでいたのか | 知りません。
① ② ③

※［彼女はどこに住んでいましたか］と考える。

Where | did she live?
⇩
I don't know | where | she lived.　でき上がり。
　　　　　　　　　　　　　　　　　文の出だしが否定なので[.]にする。
I don't know where she lived.

あなたは | このジャケットがだれのか | 知っていますか。
① ② ③

Whose | is this jacket? と考える。
⇩
Do you know | whose | this jacket is?　でき上がり。
Do you know whose this jacket is?　　文の出だしが疑問なので[?]にする。

183

> **Point**
> 疑問詞でつないで後は必ず肯定文にする。
> 肯定、否定で始まる場合はピリオドで終わる。
> 文末の時制が現在の場合はそのまま英作ができる。
> ※【色を重ねる法則】を使ってもOKです。

いろんな間接疑問文

私はあなたが何をほしいのか知りたいです。
I want to know what you want.

私はこの箱の中に何が入っているかわかりません。
I don't know what is in this box.

あなたはだれがあの窓を割ったか知っていますか。
Do you know who broke that window?

どちらの道をいけば良いかしら。
I wonder which way I should go.

そのご婦人がだれだか知っていますか。
Do you know who the lady is?

私は彼女が今朝だれに会ったか知りません。
I don't know who she met this morning.

私は彼女がいつ日本を出発するのか知りません。
I don't know when she will leave Japan.

トムはどのようにして家から出たのかしら。
I wonder how Tom came out of the house.

私は彼女が日本に来てからどのくらいになるか知らない。
I don't know how long she has been in Japan.

私は何人の少年がここに来るのか知りたいです。
I want to know how many boys will come here.

なぜ彼が今日来られないのか知っていますか。
Do you know why he can't come today?

彼女がどこに行ってしまったか知っていますか。
Do you know where she has gone?

私は彼女がなぜそんなことを言ったのか理解できます。
I can understand why she said such a thing.

Stage 25 文末の時制が 過去の間接疑問文

今度は和文の文末の時制が過去で終わる間接疑問文です。英作の仕方はさっきと同じですが、【色を重ねる法則】を使って時制をしっかりと合わせましょう。

私は あの紳士がだれであるか 知っていました。
　　　　　　透明　＋　うすい青
＝うすい青（過去）　　　※［その紳士はだれですか］と考える。

　　　　　　Who is that gentleman?
　　　　　　Who that gentleman is.　　　　肯定に直す。
　　I knew　Who that gentleman was.　時制を過去にする。

　　　　　　　　　　　　　　　　　　　　　　　　でき上がり。
　　I knew who that gentleman was.

私は 彼が何を食べたのか 知っていました。
　　　　　　うすい青　＋　うすい青
＝こい青（過去完了）　　　※［彼は何を食べましたか］と考える

　　　　　　What did he eat?
　　　　　　What he ate.　　　　　　　　肯定に直す。
　　I knew　What he had eaten.　時制を過去完了にする。

　　　　　　　　　　　　　　　　　　　　　　　　でき上がり。
　　I knew what he had eaten.

では他にもいくつか文を紹介しておきましょう。

私は彼が何をしているのか知っていました。
I knew what he was doing.

私は彼が何をしていたのか知っていた。
I knew what he had been doing.

あなたは彼女が何を料理するつもりか知っていましたか。
Did you know what she would cook?

私たちはなぜ彼がそこへ行きたがっているのか理解できなかった。
We couldn't understand why he wanted to go there.

いろんな間接疑問文《時制を見比べながら》

私は彼らがどこに住んでいるのか知っていた。
I knew where they lived.

私は彼らがどこに住んでいたのか知っていた。
I knew where they had lived.

あなたはだれがその手紙を書くのか知っていましたか。
Did you know who wrote the letter?

あなたはだれがその手紙を書いたのか知っていましたか。
Did you know who had written the letter?

私は彼女がなぜここにいるのか知りたかった。
I wanted to know why she was here.

私は彼女がなぜここにいたのか知りたかった。
I wanted to know why she had been here.

彼女は彼が何を作っているのか知らなかった。
She didn't know what he was making.

彼女は彼が何を作っていたのか知らなかった。
She didn't know what he had been making.

私はなぜ彼女がここへ来たがっているのか理解できなかった。
I couldn't understand why she wanted to come here.

私はなぜ彼女がここへ来たがっていたのか理解できなかった。
I couldn't understand why she had wanted to come here.

さあ、どうでしょう。

透明＋うすい青＝うすい青			うすい青＋うすい青＝こい青		
現在	過去	過去	過去	過去	過去完了

もうわかっていただけたと思います。説明がくどかったかもしれませんが、それほどまでに［時制の一致］がわかりにくいという声が多いものですから、あえてこのような説明の仕方を取らせていただきました。ご理解くださいね。

Stage 26 話法 Ⅱ

　さて、再び話法の登場です。今回は直接話法と間接話法の立場の違い、使う言葉の違いです。文と絵を見ながら説明しましょう。

【直接話法】　She said to me, "I am here."
　　　　　　「私はここにいるよ」と彼女はぼくに言った。

【間接話法】　She told me that she was there.
　　　　　　彼女はここ(そこ)にいるよとぼくに言った。

※ She の立場からみた場所 [here] は、
　 me の立場からみると、[there] となる。

　このような（指させるような）言葉が他にもありますので押さえておきましょう。

直接話法	here	this	these
↓	↓	↓	↓
間接話法	there	that	those

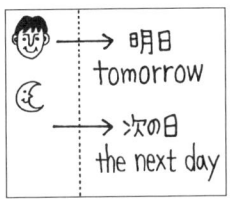

【直接話法】　He said, "I will leave tomorrow."
　　　　　　「明日出発します」と彼は言った。

【間接話法】　He said that he would leave the next day.
　　　　　　彼は明日（次の日）出発しますと言った。

※ heの立場からみた日 [tomorrow] は、間接話法では He said 彼が言った日の次の日 [the next day] となります。[the next day] を使っておけばその文を何日後に使っても意味が通ります。tomorrowを使うと混乱しますから×。

このような日を表す言葉が他にもありますので、押さえておきましょう。

直接話法	now	today	yesterday	tomorrow	～ago
↓	↓	↓	↓	↓	↓
間接話法	then	that day	the day before	the next day	～before
			the previous day	the following day	

直接話法	next week	last week
↓	↓	↓
間接話法	the next week	the previous week
	the following week	

以上のルール通りに次の文を間接話法に直してみましょう。

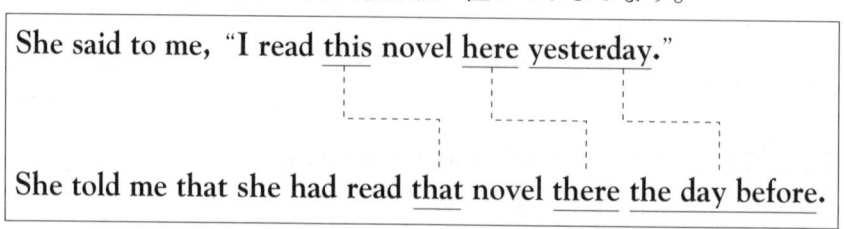

She said to me, "I read this novel here yesterday."

She told me that she had read that novel there the day before.

　肯定文の【直接話法】⇨【間接話法】の書きかえが終わりました。あと押さえていただきたいのが直接話法の疑問文、命令文、感嘆文の間接話法への書きかえです。

まずは疑問文から始めましょう。疑問文には疑問詞のあるものと、ないもの2種類ありますよね。したがって間接話法の書きかえも2種類あります。

> 疑問詞がある場合

　　She said to me, "What are you doing?"　｜疑問文はたずねる文なので
　　　　⇩　　　　　　　　　　　　　　　　｜[said to]が[asked]にかわる。
　　She asked me what I was doing.
　　　　　　　　　　※疑問詞でつなぎ、あとは肯定。
　　　　　　　　　　　間接疑問文の作り方でOKです。

> 疑問詞がない場合

　　He said to her, "Is there any good program on TV?"
　　　　⇩　　　　　　　　　　　　　　　　[said to]が[asked]にかわる。
　　He asked her if there was any good program on TV.
　　　　　　※疑問詞でつなぎ、あとは肯定。
　　　　　　　間接疑問文の作り方でOKです。
　　　　　　　でも疑問詞がないので代わりに if を使います。
　　　　　　　　　　　　　　　　　　※(whether)でもOK

続いて命令文の場合です。普通の命令文の他に押さえていただきたいのはDon't と Please が入る命令文です。

> 普通の命令文

　　The teacher said to us, "Read the newspaper."
　　　　　　⇩　　　　　　　　　　　[said to]が[told]にかわる。
　　The teacher told us to read the newspaper.
　　　　　　　　　(読むように)　　　命令する言葉の前に to を
　　　　　　　　　　　　　　　　　　入れて命令を表す。

191

Don't の命令文

He said to the boys, "Don't walk on the grass."
⇩
He told the boys not to walk on the grass.
（歩かないように）

[said to] が [told] にかわる。

命令を表す to のまえに not を入れて Don't のかわりとする。

Please の命令文

He said to her, "Please give me a glass of water."
⇩
He asked her to give him a glass of water.
（たのんだ）

[said to] が [Please] の意味を受け asked【たのんだ】にかわる。
※（たずねた）ではない

感嘆文には [What ～ !] と [How ～ !] の2種類がありますよね。したがって間接話法の書きかえも2種類あります。

What ～ ! の場合

She said, "What a beautiful sunset it is!"
⇩
She cried what a beautiful sunset it was.
（叫んだ）

[said] が感嘆文 [!] の意味を受け cried【叫んだ】にかわる。
※exclaimed も OK です。

How~! の場合

She said to me, "How kind you are!"
⇩
She cried that I was very kind.

> [said]が感嘆文[!]の意味を受け cried にかわる。
> How が very にかわる。

She said to me, "Oh, how kind you are!"
⇩
She cried with joy that I was very kind.

> with joy を用いて[よろこんで]を表現することもできます。

How を残した場合も紹介しておきましょう。

He said, "How hot it is!"
⇩
He cried out how hot it was.

Point 色を重ねる法則で時制を合わせたあとは、間接話法に直すときの肯定文、疑問文、命令文、感嘆文のルールを押さえ基本に忠実に。

Stage 27　仮定法

　仮定法の登場です。**I wish I were a bird.**（私が鳥だったら）という文は有名ですね。今まで説明した文は事実を言っています。これに対し仮定法の文は事実とは反対のことを想像して希望を述べたり意見を言ったりします。

　特殊な文なので特殊なルールがあります。文を見ながら説明していきましょう。

If I were rich, I would go abroad.
もし私が金持ちだったら、海外へ行くだろうに。

> **Point**　仮定法にでてくる過去の**be**動詞は人称にかかわらず（Iでもitで# も）[**were**]を使う。一目で「ワー、仮定法だ。」とわかります。※仮定法過去の場合

仮定法の種類

　仮定法には**4**つの種類があります。
　仮定法過去、仮定法過去完了、仮定法未来、仮定法現在、以上です。では、文を見ていきましょう。

If I knew his address, I could write to him.
【仮定法過去】

If I had arrived before noon, I could have met her.
【仮定法過去完了】

If it should snow in August, they will be surprised at it.
【仮定法未来】

If this rumor be true, I am sorry for her.
【仮定法現在】

　　　　線部を見てもわかるように、使われている動詞が過去なら仮定法過去、過去完了の形なら仮定法過去完了というように名づけられているようです。

ここまではOKですね。

では次に仮定法の特殊なルールを文を見て説明したいと思います。

仮定法過去
もし彼の住所を知っていれば、彼に手紙を書くことができるのに。
If I knew his address, I could write to him.

仮定法過去完了
もし午前中に着いていたら、私は彼女に会うことができただろうに。
If I had arrived before noon, I could have met her.

仮定法未来
万一もし8月に雪が降れば、彼らは驚くだろう。
If it should snow in August, they will be surprised at it.

仮定法現在
もしこのうわさが本当なら、私は彼女を気の毒に思います。
If this rumor be true, I am sorry for her.

ここで押さえておきたいのは【仮定法過去】と【仮定法過去完了】の時制です。仮定法過去の場合、和文で使われている時制は現在なのに英文では過去の動詞が、仮定法過去完了の場合、和文で使われている時制は過去なのに英文では過去完了の表現が用いられます。そう、これがまさに仮定法の特殊なルールなのです。

Point 仮定法では英作時、時制が過去にスライドする。**大切**
【仮定法タイムスリップの法則】と覚えましょう。

advice どうして時制が違うんだろう？などと悩まないでくださいね。こういう方法でしか仮定法という文が作れないから、同じだと区別がつきにくいからね！ぐらいに思っていてください。大切なのは、いかにわかりやすく押さえるかですよ。

仮定法過去の基本パターン

　ここでは仮定法過去の基本となる形を紹介していきます。押さえておくと便利なので、ぜひ頑張ってくださいね。

I wish I were a high school student.
私が高校生だったらなあ。

I wish I could fly in the sky.
私が空を飛ぶことができたらなあ。

　│I wish│＋ 主語 ＋ 過去形 のパターン　　※現在の実現不可能な
　　（〜したらなあ）　　　　　　　　　　　　願望を表す文

It's time you went to bed.
眠らなければならない時間だよ。

　│It is (high) time│＋ 主語 ＋ 過去形 のパターン
　　（〜していなければならない時間だ）

If only I could speak English better!
英語がもっとうまく話せさえしたらなあ。

　│If only│＋ 主語 ＋ 過去形 のパターン
　　（〜さえしたらなあ）

　　　　　　　　　　　　　　※**If only**から始まる文の場合は
　　　　　　　　　　　　　　　文の終わりは【！】

If I lived in Shiga, I could often visit the lake.
もし滋賀に住んでいれば、たびたび湖に行けるのに。

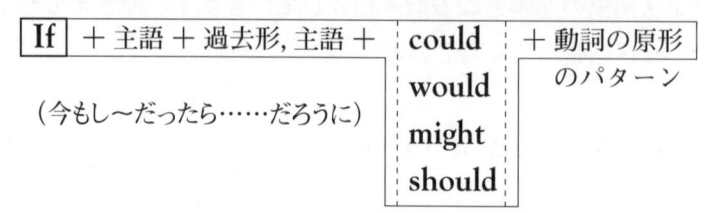

If ＋主語＋過去形, 主語＋	could	＋動詞の原形
（今もし～だったら……だろうに）	would	のパターン
	might	
	should	

He talks as if he were a father.
彼はまるで父親であるかのような口ぶりだ。

as if ＋主語＋過去形	のパターン
（まるで～するかのように）	

But for this license, I could not drive.
今もしこの免許証がなければ、私は車を運転できない。

Without this car, what would you do?
今もしこの車がなければ、あなたはどうするつもりだ？

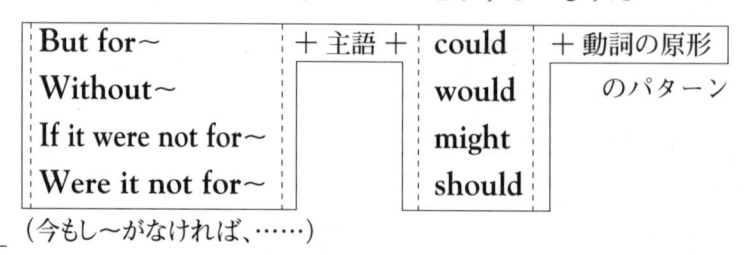

But for～	＋主語＋	could	＋動詞の原形
Without～		would	のパターン
If it were not for～		might	
Were it not for～		should	

（今もし～がなければ、……）

仮定法過去完了の基本パターン

　ここでは仮定法過去完了の基本となる形を紹介していきます。先に紹介しましました仮定法過去の基本との違いも押さえられると良いですね。

I wish I had practiced the guitar harder.
あのころもっとギターを練習していたらなあ。

　| I wish | ＋主語＋過去完了 のパターン　※現在の実現不可能な
　（あの時〜していたらなあ）　　　　　　　　願望を表す文

If only our team had won the game!
あの時私たちのチームが勝ってさえいたらなあ。

　| If only | ＋主語＋過去完了 のパターン
　（あの時〜してさえいたらなあ）

If he had married you, he would be happy now.
あの時あなたと結婚していたら、今頃彼は幸せだろうに。

　| If | ＋主語＋過去完了, 主語＋ | could / would / might / should | ＋動詞の原形 のパターン

　（あの時〜していたら、今頃……だろうに）

If they had worked hard, they would have succeeded.
あの時もし一生懸命働いていたら、彼らは成功していたことだろう。

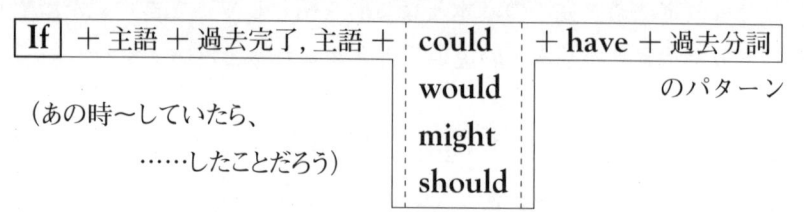

$\boxed{\text{If}}$ ＋ 主語 ＋ 過去完了, 主語 ＋ could / would / might / should ＋ have ＋ 過去分詞 のパターン

（あの時〜していたら、……したことだろう）

She talks as if she had been there.
彼女はまるでそこにいたかのような口ぶりだ。

$\boxed{\text{as if}}$ ＋ 主語 ＋ 過去完了 のパターン

（あの時まるで〜だったかのように）

But for the taxi, we would have been late.
あの時もしタクシーがなかったら、私たちは遅れていたかもしれない。

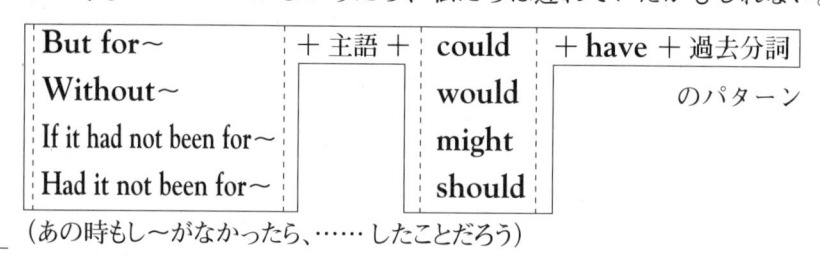

But for〜 / Without〜 / If it had not been for〜 / Had it not been for〜 ＋ 主語 ＋ could / would / might / should ＋ have ＋ 過去分詞 のパターン

（あの時もし〜がなかったら、……したことだろう）

Stage 28 仮定法過去と仮定法過去完了を比べてみよう

　ここでは簡単な文を用いて、仮定法過去と仮定法過去完了の文を比べてみます。時制の変化もしっかり押さえてくださいね。

今、彼に会うことができたらなあ。　　　　　　　【仮定法過去】
I wish I could see him.

あの時、彼に会っていたらなあ。　　　　　　【仮定法過去完了】
I wish I had seen him.

今もし私がお金を持っていれば、それを買うだろうに。【仮定法過去】
If I had money, I would buy it.

あの時もし私がお金を持っていたら、それを買っただろうに。【仮定法過去完了】
If I had had money, I would have bought it.

彼女は何もかも知っているかのような口ぶりだ。　　【仮定法過去】
She talks as if she knew everything.

彼女は何もかも知っていたかのような口ぶりだ。【仮定法過去完了】
She talks as if she had known everything.

　さあ、違いは押さえられたでしょうか。[仮定法タイムスリップ]の法則により時制が過去にスライドしているのもOKですね。

直接法から仮定法への書きかえ ［仮定法過去編］

ここでは直接法の文を仮定法の文に書きかえる方法を説明します。

まずは【仮定法タイムスリップの法則】で時制をひとつ過去にスライドさせます。

［仮定法は事実とは反対の仮定を表す］ということですから、肯定の表現なら否定の表現に、否定の表現なら肯定の表現に直します。この2つでOKです。

兄弟がいなくて残念だ。
I am sorry I don't have a brother. 　　《直接法の文》
　　⇩　　　　⇩
　 I wish 　I 　had 　 a brother.

I wish I had a brother. 　　《仮定法の文》でき上がり。
兄弟がいるといいなあ。

彼女の住所を知らないので、私は手紙を出せない。
Because I don't know her address, I can't write to her.
　⇩　　　　⇩　　　　　　　　　　　⇩　　《直接法の文》
　If 　I 　knew 　her address, I could write to her.

If I knew her address, I could write to her.
　　　　　　　　　　　　　　《仮定法の文》でき上がり。
もし彼女の住所がわかっていれば、手紙が出せるのに。

病気なので私は学校を休んでいる。

Because I <u>am</u> sick,　　I　　<u>am</u>　　absent from school.
　⇩　　　⇩　　　　　⇩　　　　　　　　　《直接法の文》
If　I　were　not sick, I　would not be　absent from school.

If I weren't sick, I wouldn't be absent from school.
　　　　　　　　　　　　　　　　《仮定法の文》でき上がり。
もし病気でなければ私は学校を休まないのですが。

Point
時制を過去へスライドさせる。
肯定は否定、否定は肯定に直す。

直接法から仮定法への書きかえ [仮定法過去完了編]

彼女が私たちといっしょにいなかったのは残念です。

I <u>am sorry</u> she <u>was not</u> with us.　　　《直接法の文》
　　⇩　　　　　⇩
I　wish　she　had been　with us.

I wish she had been with us.　　《仮定法の文》でき上がり。
彼女が私たちといっしょにいたらよかったのに。

午前中に着かなかったので、私は彼女に会えなかった。

<u>Because</u> I <u>didn't arrive</u> before noon, I <u>couldn't meet</u> her.
　　⇩　　　　　⇩　　　　　　　　　　　　⇩　　《直接法の文》
　　If　　I had arrived　before noon, I could have met her.

If I had arrived before noon, I could have met her.

《仮定法の文》でき上がり。

もし午前中に着いていたら、私は彼女に会うことができただろうに。

あの飛行機に乗ったので、彼は遅れた。

<u>Because</u> he <u>took</u>　　that plane, he <u>was</u>　late.　《直接法の文》
　　⇩　　　⇩　　　　　　　　　　　⇩
　　If　he had not taken that plane, he would not have been late.

If he hadn't taken that plane, he wouldn't have been late.

《仮定法の文》でき上がり。

あの飛行機に乗らなかったら、彼は遅れなかっただろうに。

Point　時制を過去から過去完了へスライドさせる。
　　　　　肯定は否定、否定は肯定に直す。

仮定法現在（原形）の基本パターン

　仮定法現在（原形）は、**order**（命令する）、**insist**（強く主張する）といったように、相手の行動を強くうながす意味の動詞が使われる場合に使われます。

　まず、［相手の行動などを強くうながす動詞］をチェックしておきましょう。

urge （強くながす）	desire （強く願う）	recommend （すすめる）
order （命令する）	propose （提案する）	ask （たのむ）
insist （要求する）	request （要望する）	※[たずねる]として
advise （忠告する）	require （要望する）	使う場合は使え
demand （要請する）	suggest （提案する）	ません。

では文を通して文の作り方を説明しましょう。

The doctor suggested <u>that he take the medicine.</u>

その医者は彼にその薬を飲むようにすすめた。

The father ordered <u>that his daughter come home by eight.</u>

その父親は娘（彼の）に8時までには帰るようにと命じた。

He asked <u>that she make coffee for him.</u>

彼は彼女にコーヒーをいれてくれるようにとたのんだ。

仮定法現在（原形）の文の作り方

主語 ＋ 相手の行動などを強くうながす動詞 ＋ that ＋ 主語 ＋ 動詞の原形

仮定法未来の基本パターン

仮定法未来は［万一もし～したら］というように、起きる可能性が少ない未来の事を表す時に使われる文です。

では、文を通して説明しましょう。

If you should break this, you will have to pay for the damage.
万一もしこれをこわしたら、あなたは損害を支払わなければならない。

If ＋ 主語 ＋ should ＋ 動詞の原形,	主語 ＋	will	＋ 動詞の原形
		would	
		might	のパターン
		should	

If I were to win the prize, I would take you to the moon.
万一もし私が入賞することにでもなったら、君を月につれて行ってあげるよ。

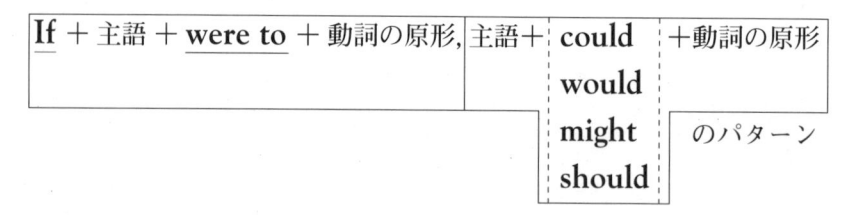

If ＋ 主語 ＋ were to ＋ 動詞の原形,	主語＋	could	＋動詞の原形
		would	
		might	のパターン
		should	

仮定法未来はこの2種類です。わかっていただけたでしょうか。

和文、英文ともに長いなと思っている人は［,］［,］でくぎって、片方ずつ考えてくださいね。ずっと簡単になりますよ。きっとだいじょうぶ。

1 ランクupの仮定法の文

彼女が車の運転ができればなあ。
I wish she could drive a car.

もし金持ちなら、世界一周旅行をするのだが。
If I were rich, I would travel around the world.

そろそろ食事の用意をする時間ですよ。
It's about time you got dinner ready.

彼はまるでその事件について何でも知っているかのように話す。
He talks as if he knew everything about the affair.

もっと時間があったら、もっと長い手紙が書けただろうに。
If I had more time, I could have written a longer letter.

君はそんなことを言わなければよかったのになあ。
I wish you hadn't said that.

君はそんなことを言わなければよかったのにと私は思った。
I wished you hadn't said that.

もし十分なお金があったら新車を買えたのに。
I could have bought a new car if I had had enough money.

もしその列車に乗り遅れていたなら、彼は今ここにはいないだろう。
If he had missed the train, he would not be here now.

もし生まれかわれるとしたら、私は音楽家になりたい。
If I were to be born again, I would like to be a musician.

もし画家であれば、彼女はどんな絵を描くだろうか。
What kind of picture would she paint, if she were a painter.

失敗したら、もう一度やってみなさい。
If you should fail, try again.

英作文のコーナー
と
総まとめ

英作文のコーナー 1

*英作文コーナーの解答は P234 以降にあります。

	ヒント	P
1. リンダは小説（長編の）を読んでいます。	[進行形]	47
2. この部屋は母によっていつもきれいにされています。	[受動態]	57
3. 私は5年間神戸に住んでいた。	[完了形]	61
4. 彼はもうすでに宿題を終えました。	〃	64
5. あなたは今までに沖縄へ行ったことがありますか。	〃	66
6. 彼らは6年間ずっと英語を勉強しています。	[完了進行形]	71
7. 通りで遊んではいけません。	[命令文]	79
8. あなたはこの町のどの少女にも劣らず美しい。	[等級]	85
9. 彼の妹は賢いというよりむしろ利口だ。	[比較]	91
10. 淡路は日本で一番大きい島です。	[最上級]	98

英作文のコーナー 2

本書のページ ↓

11. 僕は君の言うことが全然わからない。　　　　　　　[強調]　**106**

12. 彼女が驚くのは当然だ。（当たり前だ）　　　　　　[助動詞]　**116**

13. 私は朝、早起きすることにしています。　　　　　　[不定詞]　**138**

14. 私たちはまちがいをすることを恐れている。　　　　[動名詞]　**148**

15. この都市には空港がありませんね。　　　　　　　　[付加疑問]　**153**

16. サングラスをかけているその男の人は私の兄です。　[関係代名詞]　**160**

17. ここは私がよく泳いだ場所です。　　　　　　　　　[関係副詞]　**171**

18. 私は彼女が今朝だれに会ったか知りません。　　　　[間接疑問]　**184**

19. 私は彼らがどこに住んでいるのか知っていた。　　　〃　**187**

20. 彼女は「私は学校を休みます」と言っています。　　[話法]　**173**

21. 私が高校生だったらなあ。　　　　　　　　　　　　[仮定法]　**197**

英作文のコーナー 3

本書のページ ↓

	ヒント	P
1. 私は昨日、英文法を勉強していました。	[進行形]	47
2. 富士山の頂上は雪でおおわれている。	[受動態]	57
3. 彼女は昨年まで2年間ずっと岩手に住んでいた。	[完了形]	62
4. 彼らは正午までに昼食を終えてしまっていた。	〃	65
5. 彼はそのときより前に2度山口を訪れたことがあった。	〃	67
6. その男の人はその時まで1時間ずっと走っていた。	[完了進行形]	72
7. いつでも遊びにいらっしゃい。	[命令文]	79
8. 君の車は私のものの3倍の値段がする。	[等級]	85
9. 彼は彼の父親よりも活動的です。	[比較]	91
10. 東京は世界で最も大きな都市の一つです。	[最上級]	98

英作文のコーナー 4

		本書のページ
11. 彼がまた彼女に会ったのはハワイでだった。	[強調]	106
12. コンピューターの使い方を学びたいものだ。	[助動詞]	116
13. 私は始発列車に乗り遅れないようにタクシーに乗った。	[不定詞]	138
14. 彼らは入学試験に合格する自信がある。	[動名詞]	148
15. このカメラは日本で作られたんですね。	[付加疑問]	153
16. 私はルーシーというアメリカの少女を知っている。	[関係代名詞]	160
17. あれは私が初めて彼らに会った小学校です。	[関係副詞]	170
18. 私はあなたが何をほしいのか知りたいです。	[間接疑問]	184
19. 私は彼女がなぜここにいるのか知りたかった。	〃	188
20. 「明日出発します」と彼は言った。	[話法]	189
21. 私は空を飛ぶことができたらなあ。	[仮定法]	197

英作文のコーナー 5

本書のページ ↓

#	問題	ヒント	P
1.	あの学生たちは野球をしているのではありません。	[進行形]	47
2.	この本は多くの人々に読まれるでしょう。	[受動態]	57
3.	3日前からずっと天気が良いです。	[完了形]	62
4.	私がそれを終わったとき、彼女はもうその本を読んでしまっていた。	〃	65
5.	私はあんなに美しいご婦人を1度も見たことがありません。	〃	67
6.	彼は昨日まで4日間ずっと彼女を待っていた。	[完了進行形]	72
7.	明日の朝8時にここへ来なさい。	[命令文]	79
8.	父は私より10倍多くの本を持っています。	[等級]	85
9.	日ごとにだんだん暖かくなっています。	[比較]	92
10.	彼は世界中で最も有名な科学者です。	[最上級]	98

英作文のコーナー 6

		本書のページ ↓
11. いったい君たちはあそこで何をしていたんだ。	[強調]	106
12. そのうわさは本当かもしれないし、そうでないかもしれない。	[助動詞]	116
13. 公平に評すれば彼女は有能な人物である。	[不定詞]	138
14. ラッシュアワーにこの通りを横断することは避けるべきです。	[動名詞]	148
15. あなたの弟は明日野球をする予定ですね。	[付加疑問]	153
16. 私が買おうとしている家は5年前に建てられたものです。	[関係代名詞]	161
17. これが私が君に賛成できない理由だ。	[関係副詞]	170
18. どちらの道を行けば良いかしら。	[間接疑問]	184
19. 彼女は彼が何を作っていたのか知らなかった。	〃	188
20. 彼らはこの国が好きですと言っていた。	[話法]	179
21. 英語がもっとうまく話せさえしたらなあ。	[仮定法]	197

英作文のコーナー 7

本書のページ ⬇

P

1. 何人の少年少女たちがその映画を楽しんでいるんですか。　48

2. 彼は医者にたばこを吸いすぎないように忠告された。　57

3. 私たちは来年で10年間ずっと宮城に住んだことになる。　62

4. 彼は2時間以内には宿題を終えてしまっていることだろう。　65

5. 彼がもう一度エベレストに登ったら3度登ったことになる。　68

6. 彼らは来年で5年間ずっと英語を勉強していたことになる。　73

7. ここへおいで、そうすればきれいな花が見えるよ。　79

8. その紳士は今まで存在しただれにも劣らず偉大な人だ。　86

9. 私たちは同じまちがいをするほど愚かではありません。　92

10. これは私が今までに読んだ中で一番おもしろかった本の一冊です。　99

英作文のコーナー 8

本書のページ

11. 私が彼女を初めて見たのはこの駅でした。　106

12. 私のいとこはよく日曜日の午後に私のところへ遊びに来たものだ。　116

13. 朝起きたら、一面の銀世界だった。　138

14. パーティーでそのご婦人に会ったことは決して忘れないだろう。　148

15. エリザベスさんは2年間日本にいますね。　153

16. 岩の上に止まっている白い鳥のうち一羽はハトです。　161

17. 私は初めてあなた方に会った日のことを忘れられない。　171

18. 私は何人の少年がここに来るのか知りたいです。　185

19. 私はなぜ彼女がここにいたのか知りたかった。　188

20. 〔He said to her, "please give me a glass of water."〕 を間接話法に。　192

21. あの時もし一生懸命働いていたら、彼は成功していたことだろう。　200

英作文のコーナー 9

本書のページ ↓

	P
1. ボブは昨夜の9時には宿題をしていませんでした。	47
2. 英語は世界の各地で話されています。	57
3. メアリーは昨日まで3日間ずっと病気だった。	62
4. 彼女は1時間以内にはその手紙を書き終えてしまっていることだろう。	65
5. もし彼女が再び英語で手紙を書いたら2度書いたことになる。	68
6. その男の人は正午で3時間ずっと走り続けたことになる。	73
7. できるだけ早くそこへ行きなさい。	79
8. ケンはショウと背の高さがほぼ同じですが、ビルほどは高くないです。	86
9. 東京の人口はニューヨークより多いです。	92
10. どんなに賢い人でも何でも知っているとは限らない。	99

英作文のコーナー 10　　本書のページ

11. その若者たちはゴールに向かって走りに走った。　　106

12. こんな雨の日に外出するくらいなら、家にいたほうがいい。　　116

13. 実を言うと、私は彼女に恋をしてしまったんだ。　　139

14. お便りを楽しみにしています。　　149

15. 我々は太陽エネルギーを利用しているんですね。　　153

16. 50の星と13のしま模様が入った旗がアメリカの国旗です。　　161

17. あなたがその問題を解いた方法をどうぞ教えてください。　　170

18. 私は彼女が日本に来てからどのくらいになるか知らない。　　185

19. 私はなぜ彼女がここへ来たがっていたのか理解できなかった。　　188

20. [She said to me, "I read this novel here yesterday."] を間接話法に。　　190

21. 彼女はまるでそこにいたかのような口ぶりだ。　　200

普通の文と特別な文の総まとめ

普通の文

現在	I study English. 私は英語を勉強します。	動詞の現在形
過去	I studied English. 私は英語を勉強しました。	動詞の過去形
未来	I will study English. 私は英語を勉強するだろう。	will＋原形

進行形

現在進行形	I am studying English. 私は英語を勉強しています。	(am, are, is) ＋‐ing
過去進行形	I was studying English. 私は英語を勉強していました。	(was, were) ＋‐ing
未来進行形	I will be studying English. 私は英語を勉強しているだろう。	will＋be＋‐ing

受動態

現在	The shop is closed. その店は閉まっている。	(am, are, is)＋過去分詞
過去	The shop was closed. その店は閉まっていた。	(was, were)＋過去分詞
未来	The shop will be closed. その店は閉まっているだろう。	(will＋be)＋過去分詞
進行形の受動態	The machine is being repaired. その機械は修理中である。	(am, are, is, was, were)＋being＋過去分詞
完了形の受動態	The machine has already been repaired. その機械はもう修理された。	(have, has)＋been＋過去分詞
完了形の受動態	Until then the machine had already been repaired. その時までにその機械は修理されてしまっていた。	(had, will have)＋been＋過去分詞

完了形

現在完了	I have read the book before. 私は前にその本を読んだことがある。	(have, has)＋過去分詞
過去完了	I had read the book before. 私は前にその本を読んだことがあった。	had＋過去分詞
未来完了	I will have read the book by seven. 私は7時までにはその本を読んでしまっているだろう。	will＋have＋過去分詞
完了進行形		
現在完了進行形	I have been reading the book. 私はずっとその本を読んでいる。	(have, has)＋been＋-ing
過去完了進行形	I had been reading the book. 私はずっとその本を読んでいた。	had＋been＋-ing
未来完了進行形	I will have been reading the book. 私はずっとその本を読んでいるだろう。	will＋have＋been＋-ing

前置詞 [場所・方向]

前置詞はカタマリで、できれば文で覚えましょう。
at(~に、~で) ⇨ 比較的狭い場所、地点
in(~に、~で) ⇨ 比較的広い場所

| 比べて みよう | at Osaka Airport
in Osaka |

私は仙台のレコード店でCDを5枚買いました。
I bought five CDs at a record shop in Sendai.

into	(外から内へ)	→→ into
out of	(内から外へ)	←← out of
across	(~を横切って) ⇨ 横断	→→→ across
through	(通り抜けて) ⇨ 貫通	→→→→ through
along	(~に沿って) ⇨ 平行	→→→→ along

ちょうが一匹私の部屋に入ってきた。
A butterfly came into my room.

トムは部屋から出ていった。
Tom went out of the room.

その子どもは通りを横切っていった。
The child went across the street.

列車はトンネルを抜けました。
The train passed through a tunnel.

私は川沿いに歩きました。
I walked along the river.

to	(～へ)	⇨到着点	→→→◎
for	(～へ向かって)	⇨目的地	◎目的地
toward	(～の方へ)	⇨運動の方向	→→→ ◎

彼女は昨年日本に来ました。
She came to Japan last year.

彼は昨日ロンドンに向かいました。
He left for London yesterday.

その白馬は森の方へ走っていきました。
The white horse ran toward the woods.

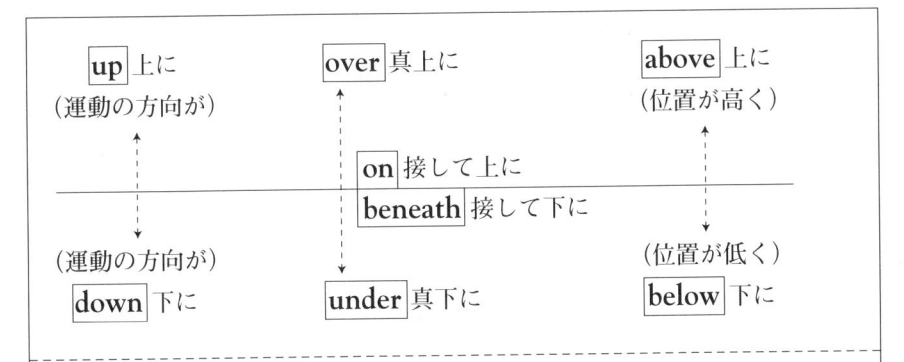

---

up 上に	over 真上に	above 上に
(運動の方向が)		(位置が高く)
	on 接して上に	
	beneath 接して下に	
(運動の方向が)		(位置が低く)
down 下に	under 真下に	below 下に

私は丘を登って行った。
I went up the hill.

月がその木の真上に出ています。
The moon is over the tree.

塔の上の飛行機を見てごらん。
Look at the plane above the tower.

その船は川を下って行った。
The ship sailed down the river.

私たちは木の下で弁当を食べた。
We had lunch under the tree.

太陽は地平線の下に沈んだ。
The sun set below the horizon.

●◎● between 2者の間に	●●● ●◎● among 3者以上の間に
私はケイトとアオイの間に座った。 I sat <u>between</u> Kate and Aoi.	私は群衆の中に彼女を見つけた。 I found her <u>among</u> the crowd.

○ behind ↓ ～の後ろに ● ↓ ～の前に ◎ in front of	その少女はカーテンの後ろに隠れた。 The girl hid herself <u>behind</u> the curtain. どうぞ私の前にお座りください。 Please sit <u>in front of</u> me.

◉ around 　（round） ～のまわりを、に	地球は太陽のまわりを回る。 The earth moves <u>around</u> the sun.

5種類の名詞

名詞をまとめて紹介しておきましょう。

《複数形をもたない名詞》		単数	複数形はありません
固有名詞	人名、国名、地名などを表す	Ken(ケン)、Japan(日本) June(6月)、Venus(金星)	
物質名詞	材料など物質の名を表す	air(空気)、coffee(コーヒー) bread(パン)、paper(紙)	
抽象名詞	性質や状態などを表す	health(健康)、peace(平和) love(愛情)、success(成功)	
《複数形をもつ名詞》		単数	複数
普通名詞	同じ種類、共通の名を表す	a book(1冊の本) a girl(一人の少女) an animal(一匹の動物)	books(複数の本) girls(少女たち) animals(複数の動物)
集合名詞	同じ種類の職業や物の集合体を表す	a nurse(一人の看護婦さん) a family(1家族) a class(1クラス)	nurses(複数の看護婦さん) families(複数の家族) classes(複数のクラス)

固有名詞は普通は頭になにもつけませんが、the をつける場合もありますので紹介しておきましょう。

複数形の固有名詞	the Alps(アルプス山脈)、the United States(アメリカ合衆国)
海、川、運河など	the Atlantic Ocean(大西洋)、the Pacific Ocean(太平洋) the Seine(セーヌ川)、the Suez Canal(スエズ運河)
船、列車など	the Titanic(タイタニック号)、the Hikari(ひかり号)
公共の建物など	the White House(ホワイトハウス) the British Museum(大英博物館)

数が一目でわかる表

個数を表す言葉を基数詞と言います。(**one, two** など)
順序を表す言葉を序数詞と言います。(**first, second** など)

※はまちがいやすいので気をつけて。

1	one	※	first(1st)	16	sixteen		sixteenth
2	two	※	second(2nd)	17	seventeen		seventeenth
3	three	※	third(3rd)	18	eighteen		eighteenth
4	four		fourth(4th)	19	nineteen		nineteenth
5	five	※	fifth	20	twenty	※	twentieth
6	six		sixth	21	twenty-one		twenty-first(21st)
7	seven		seventh	22	twenty-two		twenty-second(22nd)
8	eight	※	eighth	30	thirty	※	thirtieth
9	nine	※	ninth	40	forty	※	fortieth
10	ten		tenth	50	fifty	※	fiftieth
11	eleven		eleventh	60	sixty	※	sixtieth
12	twelve	※	twelfth	70	seventy	※	seventieth
13	thirteen		thirteenth	80	eighty	※	eightieth
14	fourteen		fourteenth	90	ninety	※	ninetieth
15	fifteen		fifteenth	100	one hundred		one hundredth (100th)

1,000 one thousand (千)	100,000 one hundred thousand (10万)
10,000 ten thousand (1万)	1,000,000 one million (100万)

123 one hundred (and) twenty-third (123rd) ※最後の数だけ序数にする。

数の読み方編

[整数]
1,234,567　one million, two hundred (and) thirty-four thousand five hundred and sixty-seven
※3けたずつ区切って、そのたびに単位をつけて読みます。

[少数]
24.680　twenty-four point six eight zero
※小数点を point と読む。それ以降は1語ずつ読みます。

[分数]
$\frac{1}{2}$　a half / one half　　$\frac{5}{7}$　five-sevenths　　$\frac{1}{4}$　one quarter (a quarter)
※分母のみ序数。※分子が複数なら分母も複数。

[日付・年号]
7月4日　July (the) fourth / July four / July 4
1800　eighteen hundred　　1918　nineteen eighteen
※年号は2けたずつ区切って読みます。

[☎]
911-5007　nine one one, five zero zero seven
※ひたすら数字を読みます。0は [ou] でも OK です。

動詞の変化早見表　Ａ－Ｂ－Ｃタイプ

	【意味】	【原形】	【過去形】	【過去分詞】
b	耐える	bear	bore	borne
	始まる	begin	began	begun
	かむ	bite	bit	bitten
	吹く	blow	blew	blown
	こわす	break	broke	broken
c	選ぶ	choose	chose	chosen
d	描く／引く	draw	drew	drawn
	飲む	drink	drank	drunk
	運転する	drive	drove	driven
e	食べる	eat	ate	eaten
f	落ちる／倒れる	fall	fell	fallen
	飛ぶ	fly	flew	flown
	忘れる	forget	forgot	forgotten
	許す	forgive	forgave	forgiven
	凍る	freeze	froze	frozen
g	得る	get	got	gotten (got)
	あたえる	give	gave	given
	行く	go	went	gone
	成長する	grow	grew	grown
h	かくす	hide	hid	hidden
k	知る	know	knew	known
l	横たわる	lie	lay	lain
r	乗る	ride	rode	ridden
	鳴る	ring	rang	rung
	昇る／高くなる	rise	rose	risen

s	見る	see	saw	seen
	縫う	sew	sewed	sewn
	振り動かす	shake	shook	shaken
	示す／みせる	show	showed	shown
	縮む	shrink	shrank	shrunk
	歌う	sing	sang	sung
	沈む	sink	sank	sunk
	話す	speak	spoke	spoken
	跳ぶ／わき出る	spring	sprang	sprung
	盗む	steal	stole	stolen
	泳ぐ	swim	swam	swum
t	取る	take	took	taken
	引き裂く	tear	tore	torn
	投げる	throw	threw	thrown
w	目覚める	wake	woke	woken
	着ている	wear	wore	worn
	書く	write	wrote	written

動詞の変化早見表　Ａ－Ｂ－Ｂタイプ

	【意味】	【原形】	【過去形】	【過去分詞】
a	めざめ(させ)る	awake	awoke	awoke
b	曲げる	bend	bent	bent
	縛る／製本する	bind	bound	bound
	出血する	bleed	bled	bled
	持ってくる	bring	brought	brought
	建てる	build	built	built
	焼く／もやす	burn	burnt	burnt
	買う	buy	bought	bought
c	つかまえる	catch	caught	caught
d	掘る	dig	dug	dug
f	養う／補給する	feed	fed	fed
	感じる	feel	felt	felt
	戦う	fight	fought	fought
	見つける	find	found	found
h	つるす／掛ける	hang	hung	hung
	聞く	hear	heard	heard
	抱く／支える	hold	held	held
k	保つ	keep	kept	kept
l	導く／至る	lead	led	led
	去る／残す	leave	left	left
	貸す	lend	lent	lent
	失う	lose	lost	lost
m	作る	make	made	made
	意味する	mean	meant	meant
	会う	meet	met	met

p	支払う	pay	paid	paid
s	言う	say	said	said
	さがし求める	seek	sought	sought
	売る	sell	sold	sold
	送る	send	sent	sent
	輝く	shine	shone	shone
	撃つ／発射する	shoot	shot	shot
	座る	sit	sat	sat
	眠る	sleep	slept	slept
	費やす	spend	spent	spent
	回転させる	spin	spun	spun
	立つ	stand	stood	stood
	たたく／おそう	strike	struck	struck
	掃く	sweep	swept	swept
	ゆれる（左右に）	swing	swung	swung
t	教える	teach	taught	taught
	告げる／話す	tell	told	told
	考える	think	thought	thought
u	理解する	understand	understood	understood
w	しくしく泣く	weep	wept	wept
	勝つ	win	won	won

A−B−Aタイプ

	【意味】	【原形】	【過去形】	【過去分詞】
c	来る	come	came	come
o	克服する	overcome	overcame	overcome
r	走る	run	ran	run

A−A−Aタイプ

	【意味】	【原形】	【過去形】	【過去分詞】
c	(費用等)かかる	cost	cost	cost
	切る	cut	cut	cut
h	打つ／命中する	hit	hit	hit
	傷つける	hurt	hurt	hurt
l	させる	let	let	let
p	置く	put	put	put
s	配置する	set	set	set
	閉める	shut	shut	shut
	ひろげる	spread	spread	spread
u	取り乱す	upset	upset	upset

人称代名詞、疑問代名詞、関係代名詞の表

	人称代名詞の表		主格 〜は	所有格 〜の	目的格 〜に	所有代名詞 〜のもの	再帰代名詞 〜自身
人	私	単数	I	my	me	mine	myself
	私たち	複数	we	our	us	ours	ourselves
	あなた	単数	you	your	you	yours	yourself
	あなた方	複数	you	your	you	yours	yourselves
	彼ら (彼女たち)	複数	they	their	them	theirs	themselves
	彼	単数	he	his	him	his	himself
	彼女	単数	she	her	her	hers	herself
物	それら	複数	they	their	them	theirs	themselves
	それ	単数	it	its	it		itself

疑問代名詞の表	人	who	whose	whom	whose	

関係代名詞の表	人	who	whose	whom		
	物	which	whose	which		
	人 物	that		that		

⇧ ⇧ ⇧ ⇧
これらの位置は縦一直線に関係があります。

233

英作文のコーナー 1 解答

1. Linda is reading a novel.
2. This room is always kept clean by Mother.
3. I had lived in Kobe for five years.
4. He has already finished his homework.
5. Have you ever been to Okinawa?
6. They have been studying English for six years.
7. Don't play on the street.
8. You are as beautiful as any girl in this town.
9. His sister is more clever than wise.
10. Awaji is the biggest island in Japan.

英作文のコーナー 2 解答

11. I don't understand you at all.
12. She may well get surprised.
13. I make it a rule to get up early in the morning.
14. We are afraid of making mistakes.
15. There isn't an airport in this city, is there?
16. The man who wears sunglasses is my brother.
17. This is the place where I used to swim.
18. I don't know who she met this morning.
19. I knew where they lived.
20. She says, "I am absent from school."
21. I wish I were a high school student.

英作文のコーナー 3 解答

1. I was studying English grammar yesterday.
2. The top of Mt. Fuji is covered with snow.
3. She had lived in Iwate for two years until last year.
4. They had already eaten lunch before noon.
5. He had visited Yamaguchi twice before that time.
6. The man had been running for an hour until then.
7. Come and see me any time.
8. Your car is three times as expensive as mine.
9. He is more active than his father.
10. Tokyo is one of the biggest cities in the world.

英作文のコーナー 4 解答

11. It was in Hawaii that he met her again.
12. I would like to learn how to use a computer.
13. I took a taxi so as not to miss the first train.
14. They are sure of passing the entrance examination.
15. This camera was made in Japan, wasn't it?
16. I know an American girl whose name is Lucy.
17. That is the elementary school where I first met them.
18. I want to know what you want.
19. I wanted to know why she was here.
20. He said, "I will leave tomorrow."
21. I wish I could fly in the sky.

英作文のコーナー5　解答

1. Those students aren't playing baseball.
2. This book will be read by many people.
3. It has been fine for three days.
4. She had read the book when I finished it.
5. I have never seen such a beautiful lady.
6. He had been waiting for her for four days until yesterday.
7. Come here at eight tomorrow morning.
8. Father has ten times as many books as I have.
9. It is getting warmer and warmer day by day.
10. He is the most famous scientist in the world.

英作文のコーナー6　解答

11. What on earth were you doing there?
12. The rumor may or may not be true.
13. To do her justice, she is an able woman.
14. We should avoid crossing this street in the rush hours.
15. Your brother will play baseball, won't he?
16. The house which I am going to buy was built five years ago.
17. This is the reason why I can't agree with you.
18. I wonder which way I should go.
19. She didn't know what he had been making.
20. They said that they liked this country.
21. If only I could speak English better!

英作文のコーナー 7 解答

1. How many boys and girls are enjoying the movie?
2. He was advised by the doctor not to smoke too much.
3. We will have lived in Miyagi for ten years next year.
4. He will have finished his homework in two hours.
5. He will have climbed Mt. Everest three times if he climbs it again.
6. They will have been studying English for five years next year.
7. Come here, and you can see beautiful flowers.
8. The gentleman is as great a man as ever lived.
9. We know better than to make the same mistake.
10. This is one of the most interesting books that I've ever read.

英作文のコーナー 8 解答

11. It was at this station that I saw her for the first time.
12. My cousin would often come to see me on Sunday afternoon.
13. I awoke in the morning to find the whole place covered with snow.
14. I have never forget seeing the lady at the party.
15. Ms.Elizabeth has been in Japan for two years, hasn't she?
16. One of the white birds which are on the rock is a pigeon.
17. I can't forget the day when I first met you.
18. I want to know how many boys will come here.
19. I wanted to know why she had been here.
20. He asked her to give him a glass of water.
21. If they had worked hard, they would have succeeded.

英作文のコーナー 9 解答

1. Bob wasn't doing his homework at ten last night.
2. English is spoken in many parts of the world.
3. Mary had been sick for three days until yesterday.
4. She will have written the letter in an hour.
5. She will have written a letter in English twice if she writes it again.
6. The man will have been running for three hours at noon.
7. Go there as soon as you can.
8. Ken is almost as tall as Syo, but not as tall as Bill.
9. The population of Tokyo is larger than that of New York.
10. The wisest man doesn't know everything.

英作文のコーナー 10 解答

11. The young men ran and ran to the goal.
12. I would rather stay (at) home than go out on such a rainy.
13. To tell the truth, I have fallen in love with her.
14. We are looking forward to hearing from you.
15. We are using solar energy, aren't we?
16. The flag that has fifty stars and thirteen stripes is the American flag.
17. Please show me how you solved the problem.
18. I don't know how long she has been in Japan.
19. I couldn't understand why she had wanted to come here.
20. She told me that she had read that novel there the day before.
21. She talks as if she had been there.

大好評発売中

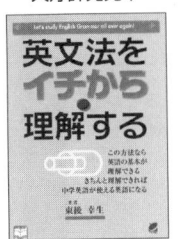

英文法をイチから理解する
本体 1400 円

イチからはじめる英作文
本体 1400 円

イラストで英文法を理解する
本体 1500 円

イチからはじめる英会話
本体 1700 円

　この本を愛読していただき、本当にありがとうございました。前作「英文法をイチから理解する」が出版された後、多くの方々から心のこもった愛読者カードをいただきました。無名の私が書かせていただいた本が少しでもお役にたててありがたく、また嬉しく思いました。再びペンを取ることになるとは思ってもいませんでしたが、待ってくださる方々がいらっしゃる、そう思い書かせていただきましたのが「英文法をしっかり理解する」です。これらの本が皆様にとって良いきっかけになることを願ってやみません。わかりやすい英語の輪を、いっしょに広げていけるといいですね。いつか皆さんが書かれた本が書店に並ぶ日がくるかもしれません。私も普通の人なんですから。あなたのお名前の本を手にできる瞬間を楽しみにさせていただきます。いつの日かきっと…。

　最後になりましたがベレ出版、編集でお世話になった新谷友佳子さん、WAVEの中丸佳子さん並びに私を支えてくださったすべての皆様に、心より御礼申しあげます。

　ありがとうございました。　　　　　感謝。

東後　幸生

著者紹介

東後 幸生(とうご ゆきお)

1962年2月7日生まれ。(兵庫県加西市に生まれる)
1988年〜学習塾の講師として英語を個別に教える。
口　　癖：英語を簡単に学べば簡単にマスターできる。
ポリシー：生徒に恥をかかせない。
座右の銘：夢はかなえるためにある、君ならできる。
現在、兵庫県三田市にて東昇(とうしょう)ゼミナール塾長をつとめる。
(TEL.0795-62-1714)

英文法(えいぶんぽう)をしっかり理解(りかい)する

2000年8月15日	初　版　発　行
2004年10月4日	第 13 刷 発 行

著者	東後 幸生(とうご ゆきお)
カバーデザイン	株式会社 カンガルー
本文イラスト	井ヶ田　惠美
DTP	WAVE 清水康広・中丸佳子

©Yukio Togo 2000. Printed in Japan

発行者	内田　眞吾
発行・発売	ベレ出版 〒162-0832 東京都新宿区岩戸町12 レベッカビル TEL.03-5225-4790 FAX.03-5225-4795 振替 00180-7-104058
印刷	三松堂印刷株式会社
製本	根本製本株式会社

落丁本・乱丁本は小社編集部あてにお送りください。送料小社負担にてお取り替えします。
ISBN 4-939076-48-2 C2082　　　　　　　　編集担当　新谷友佳子